*PSICOLOGIA DA
VIDA COTIDIANA*

Enrique Pichon-Rivière
Ana Pampliega de Quiroga
PSICOLOGIA DA VIDA COTIDIANA

Tradução CLAUDIA BERLINER

Esta obra foi publicada originalmente em espanhol com o título
PSICOLOGÍA DE LA VIDA COTIDIANA, por Ediciones
Nueva Visión, Buenos Aires, em 1985.
Copyright © 1985 por Ediciones Nueva Visión SAIC
Copyright © Livraria Martins Fontes Editora Ltda.,
São Paulo, 1998, para a presente edição.

1ª edição *1998*
2ª edição *2022*

Tradução
CLAUDIA BERLINER

Revisão da tradução
Vadim Valentinovitch Nikitin
Revisão
Andréa Stahel M. da Silva
Produção gráfica
Geraldo Alves
Paginação
Studio 3 Desenvolvimento Editorial
Capa
Marcos Lisboa

Dados Internacionais de Catalogação na Publicação (CIP)
(Câmara Brasileira do Livro, SP, Brasil)

Pichon-Rivière, Enrique, 1907-1977.
Psicologia da vida cotidiana / Enrique Pichon-Rivière, Ana Pampliega de Quiroga ; tradução Claudia Berliner. – 2. ed. – São Paulo : Editora WMF Martins Fontes, 2022. – (Textos de psicologia).

Título original: Psicología de la vida cotidiana.
ISBN 978-85-469-0414-3

1. Psicologia social I. Quiroga, Ana Pampliega de. II. Título. III. Série.

22-129466 CDD-302

Índices para catálogo sistemático:
1. Psicologia social 302
Cibele Maria Dias - Bibliotecária - CRB-8/9427

Todos os direitos desta edição reservados à
Editora WMF Martins Fontes Ltda.
Rua Prof. Laerte Ramos de Carvalho, 133 01325-030 São Paulo SP Brasil
Tel. (11) 3293.8150 e-mail: info@wmfmartinsfontes.com.br
http://www.wmfmartinsfontes.com.br

Índice

Nota preliminar **VII**
Introdução à segunda edição.
Psicologia social e crítica da vida cotidiana **IX**
A psicologia social **1**
Inundações: as reações psicológicas em face do desastre **4**
As complicações do lazer **13**
A moda, barômetro social **16**
Engrenagem e envoltório **19**
Sociedade, mudança e identidade **22**
Olhar, corpo e motivações **25**
O boato **28**
Outras considerações sobre o boato **31**
Os motivos do comportamento **34**
A opinião pública **37**
O anonimato **40**
Isolamento, poder e informação **43**
O consumidor **46**
Futebol e política **49**
Futebol e filosofia **52**
O jogador e seu ambiente **55**
A bola **58**
A noite, uma comunidade **61**

Censor e censurado **64**
Noite e criação **67**
A violência **70**
A gangue **73**
A descoberta do outro **76**
Filiação e pertença **79**
A escolha de parceiro **82**
Psicologia e cibernética **85**
Sociologia animal **88**
O medo do asfalto **91**
Destino e computador **94**
Xadrez e apocalipse **97**
A sobrevivência **100**
Anatomia do conflito **103**
Caos e criação **106**
A conspiração dos robôs **109**
Lazer e férias **112**
Jogo e férias **115**
O automóvel **118**
Família e lazer **121**
Férias: o retorno **124**
Os ídolos **127**
O oculto **130**
Magia e ciência **133**
O caráter nacional **136**
Tensões internacionais **139**
A conduta do jogador **142**
O lugar do medo **145**
Perturbações **148**
Mal-entendidos e negociação **151**
Pela primeira vez **154**
Jogo e esporte **158**
Estratégia **163**
Problema institucional **168**
Função da equipe **172**

Nota preliminar

Consideramos necessário fornecer algumas referências acerca da origem e elaboração dessas notas, que, assinadas por um de nós (E. Pichon-Rivière), foram publicadas num semanário durante o período de abril de 1966 a maio de 1967. A orientação de nosso trabalho foi determinada pela redação da revista, e, por iniciativa do autor citado, centrou-se definitivamente no esboço de uma Psicologia da Vida Cotidiana.

A própria realização da tarefa se transformou numa aprendizagem, uma experiência de interação de dois esquemas referenciais, duas instrumentações heterogêneas, que viriam a se complementar durante o trabalho com vistas a um objetivo comum que impunha a obtenção da homogeneidade.

Vivemos nosso trabalho jornalístico como a exigência de uma indagação permanente sobre o acontecer cotidiano que, por ser cotidiano e imediato, constitui, de maneira fundamental, um objeto de conhecimento científico. A tarefa do psicólogo social só pode ser compreendida por esta perspectiva: a investigação da realidade em que está imerso, para se esclarecer e esclarecer na explicitação do implícito.

Nossa heterogeneidade de formação e informação, o duplo enfoque proveniente das diferenças de sexo e idade geraram algumas vezes conflitos, emergentes da complexidade dos problemas que abordamos. Esses confrontos, inevitáveis em todo trabalho grupal, foram resolvidos num diálogo que revelava, a ambos, aspectos não percebidos dos fatos, obtendo-se nessa convergência uma visão mais ampla e totalizadora.

Na tarefa de observação, nossas fontes foram os jornais, as revistas, os noticiários, os boatos da rua. Neles rastreamos os indícios de um processo significativo que pudesse ser analisado à luz da psicologia social. A partir da descoberta desses indícios, começava a reflexão, a consulta bibliográfica, a elaboração teórica que tinha, num terceiro momento, de ser sintetizada numa linguagem livre de hermetismos, sempre inserida dentro das possibilidades de uma publicação jornalística.

Essas pautas, em certo sentido limitativas, nos obrigaram a incorporar uma técnica de estruturação da mensagem adequada a um meio de comunicação de massas.

Ver essas notas reunidas num livro significa para nós o ponto de partida de uma "volta de espiral", a oportunidade de reavaliarmos essa temática e realizarmos uma nova leitura dos fatos pela perspectiva da circunstância atual.

E. P. R. e A. P. Q.

Introdução à segunda edição

Psicologia social e crítica da vida cotidiana

A reflexão psicológica procura uma compreensão científica do sujeito na especificidade de seus processos psíquicos, de seu comportamento. Mas obter um conhecimento objetivo da unidade bio-psico-social que é o homem requer que nosso ponto de partida na análise sejam os sujeitos em sua realidade imediata, em suas condições concretas de existência, em sua cotidianidade. Somente esse tipo de indagação nos permitirá o acesso à complexidade de relações que determinam a emergência e o desenvolvimento da subjetividade como fenômeno social e histórico.

Falamos de homens concretos, abordados em suas condições concretas de existência. O que é o mais imediato e, ao mesmo tempo, o mais concreto e essencial desses homens? Sua condição de seres vivos e, em conseqüência, de sujeitos de necessidades em permanente intercâmbio com o meio. Por seu caráter de ser de necessidades, sua vida depende do fato de que, a partir dessas necessidades e em função delas, estabelecem entre si relações nas quais produzem, numa ação planejada e social denominada trabalho, os bens destinados a satisfazê-las. Por isso, o fato mais essencial e imediato – simultaneamente histórico e cotidiano – é que os Homens produzem e reproduzem sua vida, numa dupla relação: com a Natureza e com os outros homens. Este fato, que dissemos ser o mais essencial e imediato, é também o mais eficaz, o mais determinante, pela importância e complexidade de seus efeitos.

As formas concretas de que a vida dos homens se reveste estão diretamente relacionadas com as modalidades nas quais a existência material se produz e reproduz. O objeto, os meios e as formas de produção, assim como a inserção dos sujeitos nesse processo produtivo, a distribuição do produzido e a relação existente entre o que se produz e sua distribuição e as necessidades dos homens que constituem uma organização social, determina suas formas de vida, sua cotidianidade. Um pastor de cabras de Purmamarca, uma tecelã de Santamaría, um trabalhador rural de La Pampa, um engenheiro de obras de um centro urbano fazem parte de um mesmo povo, de uma mesma formação histórico-social. No entanto, sua interpretação do real difere, assim como suas emoções, sua posição perante a vida e a morte, a saúde e a doença, seus estilos de aprendizagem e vinculação, a significação que dão ao sexo, sua organização familiar, seu manejo do tempo. Essas diferenças surgem das diversas formas de que se reveste sua vida cotidiana, já que a produzem e reproduzem com diferentes modalidades de inserção no processo produtivo e sob diferentes formas e relações de produção.

Na Psicologia Social, hierarquizamos a produção da própria vida como fato fundador, na medida em que é condição de existência e, portanto, fundador e condicionador de qualquer outra experiência. Insistimos em apontar que essa prática, surgida das necessidades e que implica uma relação com a natureza e com os outros homens, é a que dá lugar à emergência dos processos psíquicos, ao nascimento e desenvolvimento da subjetividade que se configura no interior destas relações.

Quando afirmamos que a representação e o pensamento são ação processada, elaborada e interiorizada, estamos dizendo que não existe atividade psíquica desvinculada da prática, que não existem processos e conteúdos psíquicos que não estejam determinados pelas condições concretas de existência. Em síntese, são as experiências concretas, a ação e a prática que determinam a subjetividade e não o contrário. Esta asserção estabelece o caráter social e histórico do psíquico, deixando de lado a concepção de uma natureza humana a-histórica e pré-social sustentada pela ideologia dominante.

A partir dessa fundamentação da reflexão psicológica numa análise dos homens concretos em suas condições concretas de existência, surge a caracterização que Enrique Pichon-Rivière faz do sujeito como emergente, produzido numa complexíssima trama de vínculos e relações sociais. Sujeito produzido e emergente, portanto, determinado, mas ao mesmo tempo produtor, ator, protagonista. Considerar estes dois aspectos complementares nos permite pensar o comportamento na multiplicidade de suas causas, sem cair num mecanicismo fatalista, que exclua o problema da liberdade.

Enrique Pichon-Rivière afirma: "Entendo o homem configurando-se numa atividade transformadora, numa relação dialética, mutuamente modificadora, com o mundo; relação esta que tem seu motor na necessidade."

A seqüência necessidade-relação, necessidade-produção social (na relação com outros sujeitos) da satisfação e, portanto, da vida, não é válida apenas para os seres humanos em seu desenvolvimento histórico como espécie. Vigora também em nossa própria história individual; nós a reeditamos cotidianamente. É por isso que a Psicologia Social se propõe a abordar o sujeito na interioridade de seus vínculos, no seio das tramas de relação nas quais suas necessidades emergem, são decodificadas e significadas, cumprindo seu destino vincular e social de gratificação e frustração.

A Psicologia Social que postulamos, em função de sua abordagem do sujeito em suas condições concretas de existência, define-se como crítica da cotidianidade. Sua tarefa implica uma análise objetiva – por isso, "crítica" – das formas como cada formação social concreta organiza materialmente a experiência dos sujeitos, determinando assim a inter-relação fundadora para a constituição da subjetividade, entre necessidade e satisfação vincular social dessa necessidade. A crítica da vida cotidiana consiste na análise do destino das necessidades dos homens numa determinada organização social. Desde a especificidade da perspectiva psicológica, essa análise tenderá a determinar de que maneira essa organização social e material da experiência dos sujeitos promove neles a aprendizagem, a saúde mental, ou, pelo contrário, constitui um obstáculo para uma adaptação ativa à realidade, para o desenvolvimento de uma relação dialética de transformação recíproca entre o sujeito e o mundo.

A indagação da cotidianidade, enriquecida por uma compreensão psicológica, permite desvendar os mecanismos pelos quais um sistema de relações sociais configura os sujeitos aptos a sustentar essas relações e desenvolvê-las.

O que se entende por vida cotidiana?

Numa primeira aproximação, poderíamos definir a cotidianidade como o espaço e o tempo em que se manifestam, de forma imediata, as relações que os homens estabelecem entre si e com a natureza em função de suas necessidades, configurando-se assim o que denominamos "suas condições concretas de existência". Cotidianidade é a manifestação imediata, num tempo, num ritmo, num espaço, das complexas relações sociais que regulam a vida dos homens numa determinada época histórica. A cada época histórica e a cada organização social corresponde um tipo de vida cotidiana, já que em cada época histórica e em cada organização social ocorrem diferentes tipos de relações com a natureza e com os outros homens.

Também podemos caracterizar a cotidianidade como o modo de organização material e social da experiência humana, num determinado contexto histórico-social. Portanto, à cotidianidade subjaz o tipo de relação que os homens mantêm com suas necessidades. Desenvolve-se a partir das modalidades de reconhecimento destas, sua codificação, as formas de satisfazê-las, as metas socialmente disponíveis para essas necessidades.

A vida cotidiana manifesta-se como um amplo conjunto de fatos, atos, objetos, relações e atividades que se apresentam a nós de forma "dramática", ou seja, como ação, como mundo-em-movimento. São fatos múltiplos e heterogêneos, de difícil classificação, nos quais toma forma e se evidencia de maneira fragmentada e imediata a organização social da relação entre necessidades e metas. Constituem a cotidianidade a família em que nascemos, aquela que constituímos, a revista que lemos, a televisão, o cinema, o teatro, a cozinha, as alternativas da moda, os meios de transporte, o trabalho, o esporte, o sexo, o tipo de consumo, nossa economia, a música que escutamos, etc. Vida cotidiana é a forma de desenvolvimento que adquire, dia após dia, nossa história individual. Implica reiteração de ações vitais, numa distribuição diária do tempo. Por isso, afirmamos que cotidianidade é espaço, tempo e ritmo. Organiza-se em torno da experiência, da ação, do aqui de meu corpo e do agora de meu presente. A vida cotidiana nos mostra um mundo subjetivo, que eu experimento. Mas, ao mesmo tempo, esse mundo é intersubjetivo, social, compartilhado. Para cada um de nós, "meu mundo" é um mundo que vivo com outros.

Dissemos que a vida cotidiana é predominantemente experiência de ação. É preciso indicar que, nessa particular organização temporal-espacial, o modo de viver se transforma num mecanismo irrefletido, não consciente, de ação. Quando esse mecanismo irrefletido se instala na cotidianidade, quando a ação não é tornada consciente, os fatos não são intuídos em sua originalidade, não são examinados. Os fatos são aceitos como partes de um todo conhecido, auto-evidente, como o "que simplesmente é". Os fatos e fenômenos que vivemos, nos quais nos engajamos no dia-a-dia, apresentam-se como algo que não faz sentido questionar ou problematizar, que não requer exame ou verificação, já que constituiriam o real por excelência.

Podemos nos perguntar de onde surge essa valoração do cotidiano como o auto-evidente e inquestionável. Tal interpretação tem sua origem e fundamento num sistema social de representações e numa ideologia que encobre o cotidiano, distorce-o, na medida em que o mostra como "a realidade", a única forma de vida possível. A ideologia dominante mistifica o cotidiano na medida em que oculta, desde os interesses dos setores hegemônicos na sociedade, a essência da vida cotidiana, seu caráter de manifestação concreta das relações sociais, da organização social das relações entre necessidades dos homens e metas disponíveis, formas de acesso à satisfação.

Esse encobrimento e essa distorção se dão por meio de um mecanismo peculiar, característico da ideologia dominante, que "naturaliza" o social, universaliza o particular e torna atemporal o que é histórico. A vida cotidiana constitui, desde esse processo mistificador, uma ordem natural, universal, eterna e não-modificável.

Com essa representação da cotidianidade, movemo-nos nela com uma familiaridade acrítica, com uma ilusão de conhecimento que não passa de desconhecimento. O que nos é familiar, próximo, imediato, não se constitui, por essa mera proximidade, no mais conhecido. A familiaridade, o pseudoconhecimento vela os fatos, impede que sejam problematizados e, portanto, submetidos ao conhecimento objetivo, científico. Desde a familiaridade acrítica, desde esta não interrogação, por exemplo, sobre o futebol, a imprensa, o consumo, o sexo, a aparência é identificada ao real e o essencial costuma ficar oculto.

A partir do mito do "natural", do "eterno", da "realidade por excelência", do "que simplesmente é assim", a realidade do cotidiano desapareceu da representação. Por isso afirmamos que a realidade social simultaneamente se revela e se oculta na vida cotidiana. Revela-se nos fatos e se oculta na representação social dos fatos.

Entendemos, com Roland Barthes, que o mito é uma mensagem que evacua o real. Nossa vida cotidiana é perpassada e legitimada por diversos mitos. Um deles é o de uma cotidianidade uniforme, homogênea. Mito que se expressa em frases como "nós, os argentinos, somos assim, temos esse ou aquele modo de ser". Os argentinos nos encontramos numa identidade nacional, temos um sentimento de pátria, mas nessa identidade existe uma grande diversidade. O mito oculta que numa organização social como a nossa existe uma grande heterogeneidade de experiências, de recursos, de condições de vida, de *habitat*, e, em conseqüência, uma heterogeneidade de cotidianidades.

Na medida em que a realidade social e histórica simultaneamente se revela e se oculta no cotidiano, em que um sistema social de representações "dá conta" da vida cotidiana justificando-a, mostrando-a ao mesmo tempo como o banal, o auto-evidente, o natural, o real por excelência, a vida cotidiana reclama uma crítica, ou seja, uma indagação que alcance o conhecimento objetivo das leis que regem seu desenvolvimento.

Essa crítica, enquanto atitude científica, analítica, é o oposto da consciência ingênua. Implicará uma interpelação dos fatos, sua problematização. Uma conseqüência da crítica é a desmistificação, a superação de ilusões ou ficções em relação aos fatos. A crítica constitui uma interrogação dos fenômenos e das relações, em busca de suas leis internas, de sua essência. Esse interrogar retira o véu da familiaridade e supera o pseudoconhecimento. Introduz uma distância adequada entre o fato e o sujeito, que se transforma assim em sujeito cognoscente. Inclui a consciência e a reflexão lá onde havia mecanismos de ação irrefletida e representação acrítica.

Como realizar essa crítica da cotidianidade? Em primeiro lugar, experimentando-a, vivendo-a, já que a prática constitui o primeiro momento de todo processo de conhecimento. Em segundo lugar, estabelecendo uma ruptura com a familiaridade acrítica, com o mito do óbvio e do natural, com o sistema de representações que a mostra como o real e auto-evidente.

Pela perspectiva específica da Psicologia Social, a crítica da vida cotidiana implicará o estudo das leis que regem, em cada formação social concreta, a emergência e codificação das necessidades dos homens, a organização e as modalidades de resposta social e vincular a essas necessidades em cada estrutura de interação. Os grupos, as instituições, todos determinados desde o plano fundador das relações sociais. Em suma, a Psicologia Social indagará as leis que regem a configuração do sujeito a partir da inter-relação entre necessidades e satisfação, já que é nessa dialética entre necessidade e satisfação, entre sujeito e contexto que toda representação, toda significação, toda ideologia está ancorada. Nessa inter-relação organiza-se o sistema perceptivo, o universo de conhecimento, dando-se nela a possibilidade e as formas de acesso a essa ordem de significação que é a ordem histórico-social, ordem simbólica, especificamente humana.

Ainda que a familiaridade acrítica e o mito tenham acompanhado historicamente a cotidianidade, devemos assinalar que os homens tentaram indagar, desde distintas modalidades de conhecimento, "a profundidade sem mistério da vida cotidiana"[1]. Isto foi realizado nos campos da ciência, da arte, da política. Nem toda ciência, toda arte ou toda prática política, mas aquelas que, emergindo nos momentos de crise, os quais implicam uma quebra do cotidiano, propõem-se a desocultar o oculto, penetrar na aparência para alcançar a essência dos fatos.

A elaboração das notas jornalísticas realizadas por Enrique Pichon-Rivière e por mim para a revista *Primera Plana*, entre 1966 e 1967, e que foram publicadas em forma de livro em 1979, com o título de *Psicología de la vida cotidiana*, significou um momento de nossa reflexão acerca dessa temática. A partir de então, nossa indagação continuou sendo aprofundada e sistematizada, alcançando outros níveis de rigor e de conceitualização, até se transformar num dos eixos investigativos sobre os quais se estrutura o esquema conceitual, referen-

....
1. Henri Lefèbvre.

cial e operativo que Enrique Pichon-Rivière propôs e que seus discípulos continuaram desenvolvendo.

O sentido desta introdução é dar a conhecer algumas das idéias trabalhadas com Enrique Pichon-Rivière nos anos seguintes aos da publicação de *Psicología de la vida cotidiana*.

Ana Pampliega de Quiroga

Bibliografia

Henri Lefèbvre, *La critique de la vie quotidienne*.
——, *La cotidianidad en el mundo moderno*.
Roland Barhes, *Mitológicas*.
Karel Kosic, *Dialéctica de lo concreto*.
Bruce Brown, *Marx, Freud y la crítica de la vida cotidiana*.
Enrique Pichon-Rivière, *Comunicações pessoais*.
Agnes Heller, *Historia y vida cotidiana*.
Ana P. de Quiroga, Aulas na Escola de Psicologia Social, 1973, 1976, 1979 e 1985.
Ana P. de Quiroga, Josefina Racedo e David Zolotow, *Crítica de la vida cotidiana*, Ediciones 5, 1981.

A psicologia social

O contraste que mais surpreende o psicanalista no exercício de sua tarefa consiste em descobrir, com cada paciente, que não nos encontramos em face de um homem isolado, mas de um emissário; em compreender que o indivíduo como tal não é apenas o ator principal de um drama que busca ser esclarecido por meio da análise, mas é também o porta-voz de uma situação protagonizada pelos membros de um grupo social (sua família), com os quais está comprometido desde sempre e os quais incorporou ao seu mundo interno a partir dos primeiros instantes de sua vida.

Durante anos, as ciências pretensamente chamadas "do espírito" negaram o *homem total*, fragmentando-o em sua estrutura e destruindo sua identidade. Assim nasceu uma psicologia dissociante e despersonalizada para a qual a mente se dispersava em compartimentos estanques. Em decorrência dessa divisão, o psicólogo não se deu conta do problema da ação; trabalha-se com a imagem de um homem estático e isolado de seu ambiente social. Dessa forma, ficaram à margem da análise seus vínculos com o meio em que vivia submerso. Pesquisadores mais corajosos atreveram-se a romper com as normas vigentes e, tomando como ponto de partida situações concretas e vivenciadas no cotidiano – uma partida de futebol, por exemplo –, situaram o acontecer psicológico numa nova dimensão: o social. Foi essa a descoberta de Herbert Mead, que concebeu o homem como um ser habitado e dinamizado por imagens da realidade externa, que, ao serem incorporadas e atuadas no interior, adotam, em cada um de nós, uma forma pessoal e se transformam no signo de nossa identidade. A velha oposição entre indivíduo e sociedade resolve-se, portanto, nesse novo campo – o da psicologia social –, no qual só existe *o homem em situação*. Mas essa síntese teórica depara na ação com elementos aparentemente antagônicos, como a determinação mecânica pelo social, de um lado, e a liberdade individual, de outro; ou seja, a imitação e a criação. O primeiro destes elementos engendra um perigo: a alienação; o segundo desencadeia um temor: o medo à liberdade.

A psicologia social esforça-se por salvar em cada homem esse conflito que o desgarra interiormente, capacitando-o para integrar sua individualidade, sua "mesmidade" a esse mundo social ao qual pertence e que o habita.

O trabalho do pesquisador social consiste em indagar as dificuldades que cada sujeito tem num determinado grupo, que pode ser sua família, a empresa em que trabalha, a comunidade a que pertence. Isto dá lugar a distintos níveis de pesquisa.

O campo de ação do psicólogo social é o dos medos; sua tarefa é esclarecer sua origem e o caráter irracional destes, que, em última instância, podem ser reduzidos a dois: o medo da perda e o medo do ataque. Ambos se alimentam de um clima socioeconômico cujo denominador comum é a *insegurança básica*, vinculada à incerteza que ronda os meios de subsistência e que constitui um dos elementos sempre presentes da moderna organização industrial. Esta insegurança refere-se, em particular, à limitada oportunidade de emprego, à renda escassa, ao desemprego, à doença e à velhice. Essa ansiedade, quando vivida de forma grupal, adquire as características do temor à morte e à desintegração familiar. O que o psicólogo social procura conseguir por meio de sua tarefa é o reajuste dos mecanismos de segurança, que se expressam na sensação de encontrar-se a salvo, com defesas contra o acaso. Habitualmente, esse conceito refere-se às condições econômicas. A segurança social implica a certeza de ter se libertado dos fantasmas da miséria, do desemprego, da velhice e da morte.

Dentro desse clima de insegurança, campo da tarefa do psicólogo social, este sofrerá impactos provenientes também de incertezas, ligadas à sua história pessoal, de um lado e, de outro, à desconfiança ou atitude ambígua do contratante que lhe atribui uma onipotência excessiva na resolução de seus problemas e, simultaneamente, mantém uma desconfiança crônica em face dos resultados, que procurará sempre interpretar como produtos do acaso. O psicólogo social terá, então, de vencer fortes resistências provenientes de si mesmo e dos outros, e poderá superar esse cerco de ansiedades e desconfianças com uma boa instrumentação.

Ou seja, ser psicólogo social é ter um ofício que deve ser aprendido, já que não se nasce com essa possibilidade. Somente depois de ter resolvido suas próprias ansiedades e perturbações na comunicação com os demais é que poderá alcançar uma correta interpretação dos conflitos alheios. Na medida em que o sujeito dispõe de um bom instrumento de trabalho pode resolver incertezas e inseguranças; só então é um operador social eficiente.

Inundações: as reações psicológicas em face do desastre

A situação de desastre ou catastrófica caracteriza-se pela emergência súbita e insólita de fenômenos de origem telúrica, cuja repercussão psicossocial convém estudar em detalhe já que coloca toda uma comunidade numa circunstância de mudança aguda para a qual não estava preparada. No entanto, conforme estudos minuciosos – e é isso que chama particularmente a atenção – comprova-se a existência de uma captação quase subliminar de indícios que poderiam ter condicionado um planejamento, se aqueles não tivessem sido negados no nível da consciência. Os psicólogos consideram, em termos gerais, a existência de três fases na fenomenologia do fato catastrófico; cada uma destas fases admite subdivisões temporais que convém explicitar pois requerem, por sua vez, um manejo com técnicas comunitárias específicas. É o que denominamos "análise estratigráfica" (por estratos) que também tem caráter operativo, já que toda indagação no campo social serve para configurar uma estratégia de ação.

O primeiro período, denominado *período de ameaça*, caracteriza-se por uma série de fatos. O medo da catástrofe, captada subliminarmente, sofre uma série de elaborações, utilizando sobretudo o mecanismo da projeção, que têm por finalidade deslocar para outros – os vizinhos, por exemplo – as situações de perigo iminente. É nesse momento que, no grupo familiar, inicia-se uma atitude regressiva, com predominância de um pensamento mágico, que também dota de caráter mágico os vínculos com objetos que o desastre coloca em risco de perda. Atribuem-se aos outros sentimentos de medo sem que, nas manifestações desse temor *projetado* sobre os outros, apareçam alusões ao verdadeiro motivo desse complicado processo psicológico que se desencadeia. De que maneira se introduzem esses indícios de catástrofe e de que características se revestem? Os primeiros sinais ou dados introduzem-se no sujeito por via olfativa: percebe um cheiro particular e identificável, mas a mensagem não se traduz no nível consciente. O sujeito sente o estranho odor do rio, vê sua velocidade crescente e o aumento do volume de suas águas, realiza de forma sistemática, ritual, observações a partir de um lugar previamente escolhido. Apesar do acúmulo de informação, ou talvez pela ansiedade que este lhe provoca, recorre a um mecanismo de defesa: a negação. Desse momento em diante duas condutas são possíveis no sujeito em situação de perigo iminente: a já mencionada *projeção* do medo ou o bloqueio afetivo, no qual a negação do temor não vem acompanhada de projeção. Essa situação de ocultamento inconsciente provoca uma imobilidade, uma indiferença e uma onipotência que configurarão reações características dentro da comunidade, como o isolamento, a falta de cooperação e o egoísmo.

A resistência à mudança – neste caso, estamos diante de uma mudança exigida pelas circunstâncias – alcançará sua máxima expressão no momento em que se apelar a todo tipo de manobras e ameaças antes da evacuação de seu *habitat*. Nesse momento, *o flagelado* apresenta todas as características de um doente mental (paranóico). Procura instrumentar seu pensamento mágico convencendo-se de que possui um poder onímodo por meio de ritos e fórmulas. Sua fantasia consiste em que, pela força de seu pensamento ou de sua decisão – por exemplo, permanecer aferrado a sua moradia sem permitir a evacuação –, assumindo uma liderança em face da catástrofe, poderia conjurar o dano que, num primeiro instante, negava. Se penetrarmos profundamente nas motivações deste líder onipotente, constataremos que o papel que ele procura assumir, sem que este lhe seja atribuído pela comunidade à qual pertence, é o de um impostor, já que se apossa por assalto de uma função social como a liderança, para emergir como cabeça da conspiração contra a mudança. Sua periculosidade radica no fato de que, com suas características demagógicas e dotado de uma coragem irracional e dramática baseada na negação do medo, converte-se no sabotador da operação de salvamento.

Esse personagem deve ser objeto, por parte dos trabalhadores sociais, de um manejo adequado, destinado a debilitar sua influência e a depô-lo por meio de técnicas de trabalho comunitário, que consistem em conseguir que o grupo ou comunidade que lhe correspondem adquira consciência de que os motivos que o fazem agir dessa maneira obedecem a um certo tipo de proselitismo. Trata-se de um oportunista que introduz uma ideologia pela brecha que a angústia coletiva abre. Sua fantasia inconsciente é, em última instância, a de se transformar num herói. A ideologia deste sujeito será sempre contrária às autoridades estatais, a quem culpará pelo desastre.

O personagem oposto corresponde àquele que no período de ameaça utilizou a projeção de seu medo, e que logo é vítima de uma reação de bumerangue: seu próprio medo, colocado no outro, lhe é devolvido, reforçando, por sua vez, suas ansiedades anteriores, o que o leva a procurar os meios e as oportunidades adequadas para ser evacuado com a menor perda possível. Está em condições de assumir uma liderança positiva, em contraposição à anterior, organizando a "operação resgate". Uma única perturbação grave pode atingi-lo: o bumerangue do medo pode provocar nele tal impacto que sobrevenha o pânico, ficando então também em estado de imobilidade. Nesse caso, sua periculosidade reside em que, por múltiplos processos de identificação, o pânico se estenda, se torne coletivo, perturbando a evacuação, não mais por uma oposição ativa mas passiva.

É no segundo período, chamado *período de impacto*, que pode aparecer a situação de pânico. O pânico configura o emergente mais significativo de uma circunstância catastrófica. É um conjunto integrado por temor, alarme, perplexidade, perda de controle e de orientação. Seu caráter "contagioso" pode desencadear fenômenos coletivos de graves conseqüências, como as atitudes de fuga ou tumulto, fúria e agressão desenfreada. Este estado vem acompanhado dos mais variados sintomas psicossomáticos, produtos do desvio, para a área do corpo, dos medos provenientes da mente e dos perigos externos. Essa situação é sempre grupal, invade todo o grupo familiar, produzindo um momento caótico que impede qualquer planejamento adequado e operativo. Essa tensão ou estresse repercute sobre os sistemas defensivos orgânicos (homeostase) e acarreta a diminuição, às vezes considerável, de todas as defesas orgânicas, baixando o limiar de resistência às doenças e facilitando assim a contaminação. Assistimos então ao aparecimento de doenças infecciosas, já que micróbios que se mantinham inativos adquirem uma vigência particular ajudados pelas circunstâncias externas.

Nesse clima de insegurança e incerteza, de descontrole e falta de planejamento, surge um novo personagem: o boato, que reforça as situações anteriores e provoca sentimentos de maior insegurança, tornando as pessoas mais agressivas. O boato causa impacto e converte as possíveis vítimas do desastre em ingênuas e crédulas. O sistema de informação adquire novamente características mágicas; a comunidade afetada torna-se cada vez mais vulnerável a um complexo de boatos pela falta de discriminação que caracteriza um grupo em estado de desorganização. É possível detectar em meio ao caos uma "central" do boato. Indicadores da natureza dessa central são a dosagem, a seqüência, a temática e os canais do boato.

Nessas situações de pânico e de boato, as mulheres e as crianças desempenham um papel muito importante, particularmente as últimas, que assumem condutas contraditórias, em alguns momentos brincando e representando situações de salvamento (constroem barquinhos), como tentativas de elaborar o medo pela ação, e, em outros, caindo numa situação depressiva diante da perda que é vivida por elas como mais irreparável, devido ao seu escasso nível de instrumentação, ao que se soma sua imobilidade forçada exigida particularmente pela mãe angustiada, que projeta na criança todas as suas fantasias de destruição, que sempre vão além do perigo concreto. Os dois setores mais passivos da comunidade afetada, mulheres e crianças, manipulam e distorcem a informação.

O boato aparece em situações de pânico e o realimenta. A comprovação disto indica que se trata de um ponto de urgência sobre o qual devem operar aqueles que têm sob sua responsabilidade a manipulação da situação de catástrofe. Um modelo de manipulação de situação é o caso do líder sabotador. Quanto ao boato, a operação indicada é o esclarecimento com técnicas de contra-informação, tais como as utilizadas na guerra. Para isso, todos os canais de informação devem ser aproveitados para esclarecer o conteúdo do boato, por meio de mensagens que apontem as contradições nele presentes. Durante o segundo período ou momento do impacto descobrem-se reações de egoísmo ou altruísmo, compulsão a ajudar que vai além das possibilidades de fazê-lo.

Pelo caminho do egoísmo doentio desemboca-se, em contrapartida, na delinqüência, rapinagem, saque, nos casos mais graves, e em reações agressivas ou de indiferença total em face do outro. Um clima de tensão aparece com as mesmas características dos fenômenos que emergem em toda situação de catástrofe, ou seja, que se produzem sob o denominador comum da perda de controle. Temos aqui um novo ponto de urgência. A técnica a ser empregada é a de grupo, com vistas a esclarecer os motivos da conduta coletiva; o maior êxito de um trabalhador social consiste em transformar esses grupos delituosos em grupos de trabalho que colaborem com as equipes envolvidas no projeto de resgate e reconstrução da comunidade.

O último momento desse período de impacto relaciona-se com a atividade e as emoções. Pode-se observar aqui toda uma escala de intensidade de acordo com a cultura envolvida na situação de desastre (cultura deve ser entendida aqui em termos de origem ou nacionalidade). Na medida em que as emoções, predominantemente a ansiedade, diminuem devido a técnicas de apoio, reforço da comunicação, esclarecimento dos boatos, a atividade, que antes estava bloqueada pelo impacto emocional, emerge de forma organizada.

Os sociólogos, no entanto, parecem ter desconsiderado um momento crucial no processo da situação de desastre: o período intermediário entre o impacto e o *aftermath*, ou "volta ao lar", no qual se configura uma nova comunidade instalada em alojamentos coletivos e dotada de uma rica fenomenologia. É o período da migração e convivência num lugar designado, não escolhido, onde os evacuados são alojados por sexo e, às vezes, por idade, desintegrando-se o grupo familiar que já estava com os vínculos seriamente debilitados.

O tema da sexualidade adquire uma certa primazia, dando a impressão de que aquilo que se recolhe na pesquisa a esse respeito pertence mais ao terreno da fantasia do que ao da realidade. Este período pode ser subdividido em vários momentos: 1) de imobilidade, 2) de violência, 3) de euforia coletiva, 4) de relação com os mortos.

O primeiro período é de imobilidade, de inércia, de indiferença e apatia. O grupo humano assim reunido – sobretudo os homens – tem muita analogia com pacientes de hospitais psiquiátricos. A expressão é de depressão, e a atitude, catatônica. A falta de iniciativa é o que, em síntese, agrupa os aspectos que os vitimados apresentam nesse período. A comunicação com o resto do grupo familiar está seriamente perturbada: não se interessam por nada, não pedem nada, e experimentam um sentimento de estranheza em face de toda atitude proveniente da população menos atingida que se organiza em Comitês de Ajuda e Socorro.

O segundo período é de violência: à imobilidade anterior segue-se um estado de exaltação com um forte componente agressivo e reivindicatório. É o período em que se inicia o balanço do desastre, dando lugar a uma estruturação com fortes componentes paranóicos. Nesse período, produz-se no resto da população, tal como pude observar há muitos anos, uma resposta de pânico decorrente desta mudança brusca: organizam-se bandos com propósitos de roubo, e, se seus membros são interrogados, expressam claramente o direito a realizar verdadeiros saques que podem terminar em atos claramente criminosos e delitos sexuais. Nesse momento, o vitimado se considera um herói vitorioso por se salvar das forças da natureza e se crê detentor de todos os direitos sobre as pessoas e as coisas. É como se, inconscientemente, considerasse que foi escolhido, pela comunidade vizinha à situação catastrófica, como bode expiatório ou vítima propiciatória; ele tomou a seu cargo a culpa dos outros ao considerar que a catástrofe é uma vingança de Deus e do Destino dirigida à população não vitimada. Agora ele é forte, onipotente. Exige ajuda e, em face da reação da população a esta expressão de onipotência, se retrai e sofre uma série de perturbações, segundo o tipo de personalidade de cada um, e que vai desde francos quadros de pânico e de perseguição até doenças psicossomáticas ou doenças de tipo endêmico, que são reativadas pela tensão crônica que sofrem com a conseqüente diminuição das defesas orgânicas. A população assume uma conduta defensiva, organizando-se também como uma comunidade em perigo com rondas noturnas e meios de defesa variados.

Em algumas situações extremas, a situação de bode expiatório vivida pelos vitimados é projetada sobre a comunidade ou membros significativos dela, mas é sobretudo nas autoridades que tende a se situar a responsabilidade e a culpa pelo desastre. Nesse momento, a comunidade circundante, com seus grupos políticos habituais, organiza um trabalho de proselitismo, a ajuda adquire um caráter demagógico e começam a operar dentro da comunidade vitimada e evacuada, junto com esse grupo político oportunista, pequenos comerciantes que negociam ou trocam os produtos recebidos dos Comitês de Socorro. Nesse período, o álcool se introduz como um novo fator de desorganização e violência, os mecanismos de controle cedem às vezes de forma coletiva, assistindo-se a um espetáculo paradoxal que é, depois da imobilidade e da violência, um clima de festa. Nesse clima, o álcool é um ingrediente habitual, e a promiscuidade com que esta comunidade, mais ou menos segregada e marginalizada, tende a realizar de forma agora concreta o que fantasiava nos períodos anteriores é o que configura o terceiro momento, o de euforia coletiva, que tem por finalidade negar a situação de luto.

O quarto momento caracteriza-se pela inversão do estado anterior: a euforia coletiva se transforma em luto coletivo, que constitui para o observador o aspecto mais impactante ou sinistro de todo o processo. Esta situação não constitui regra, e provavelmente se deu num caso particular que observei pelo fato de o cemitério do povoado se encontrar na zona próxima ao rio, lugar que foi literalmente varrido pelas águas. Na verdade, esse período se inicia quando começa a vazante e o cemitério recupera então uma configuração particular e trágica. Ao perceber que o cemitério está livre da inundação, os vitimados que têm familiares sepultados nele vão fazer uma visita de exploração e descobrem que a maioria das cruzes, que são o sinal do lugar em que foram enterrados, desapareceu. Nesse mesmo dia ou no seguinte, quase todas as mulheres dessa comunidade vestem luto rigoroso, e vê-las caminharem até o cemitério produz um impacto que se transforma numa tomada de consciência, tanto entre os vitimados quanto entre os não-vitimados. A busca de seus mortos ou, melhor dizendo, do lugar que ocupavam seus mortos, é feita de uma maneira desesperada, e se escuta, às vezes, a longa distância, como se fosse um coro, os choros e gritos de dor que estão representando não apenas a perda do morto mas, também, o fato de que apenas nesse momento vivem a perda dos objetos materiais de que a situação de desastre os privou.

Esta cerimônia costumava durar vários dias, e representava, de acordo com sua intensidade, a dimensão da perda. O desastre se metamorfoseou em tragédia. Todo o grupo se sente solidário por intermédio deste sentimento. Alguém disse que a tragédia é "o protesto mais veemente do homem contra a falta de sentido..., que nos provoca o sofrimento" e que "proclama que o homem é livre, mas que só o é dentro dos limites que estabeleceu para nós sua própria condição de homem".

Uma vez vivida esta situação, da maneira descrita acima, vemo-los retornar ao seu lugar de origem, construindo ou reconstruindo suas casas com as mesmas características; e a visão que o observador tem é de que o vitimado se prepara para um novo ciclo, como um eterno retorno, um destino imutável, em cuja estrutura se incluem atitudes de desafio e de volta à onipotência transitoriamente perdida nos dias de luto.

Se analisarmos a conduta de cada um dos vitimados poderemos detectar atitudes ou assunção de liderança com características políticas, como é o caso do líder da oposição, aquele que resistia ameaçando as equipes encarregadas da evacuação. Essa liderança, que certamente tem uma longa história prévia e que se mantém latente, torna-se bruscamente manifesta e está representando as forças de oposição ao governo estatal. É como se tivesse também a obscura percepção de que a catástrofe cumpre uma função política já que boatos de um golpe de Estado circulavam por todo o país. Poderíamos dizer que ele assume o papel do líder do golpe e tenta fazer proselitismo a partir de sua nova situação: transformou-se de um mais ou menos tranqüilo povoador de uma ilha num líder político onipotente que quer interromper o curso da inundação para dar lugar a outra situação de catástrofe igualmente terrível em que o desastre seria sofrido não mais por uma pequena comunidade mas por todo o país.

As complicações do lazer

Durante os milhares de anos de sua história, o homem incrementou sua habilidade para transformar a natureza e criou técnicas adequadas para tal fim. Assim nasceu a divisão do trabalho, a empresa, o comércio como permuta, etc. Disso surge a revolução tecnológica que estamos vivendo, que traz consigo outra revolução: a do lazer, já que a automatização reduz cada vez mais a jornada de trabalho, aumentando o número de horas livres. Esta nova era, que se caracteriza pela exaltação do lazer, constitui o que Friedmann chama de segunda utopia tecnicista. A primeira proclama um controle total da produção por meios mecânicos, a segunda aponta para um lazer maciço e ilimitado.

Freud e a psicologia do trabalho: A definição do trabalho como atividade que se volta para a produção responde a um enfoque exclusivamente socioeconômico. Mas, por trás de toda essa estrutura tecnológica, encontramos uma série de conflitos psicológicos que desempenham, neste momento de mudança, um papel fundamental. Na medida em que o trabalho vai se reduzindo graças às conquistas técnicas, torna-se claro um significado subjacente, ou seja, seus componentes psicológicos. Apenas uma compreensão integral do sentido do trabalho nos permitirá entender este fenômeno que irrompe em nossa civilização: o lazer, sua estrutura, seu funcionamento e sua manipulação. A noção de trabalho aparece na psicologia moderna de modo um tanto confuso; existe nela um verdadeiro elemento de obrigação, de pressão, que responde à necessidade de ganhar o pão de cada dia, mas também um índice de liberdade, representado por aquelas tarefas que estão fora desse enquadramento estrito de ganhar a vida.

O trabalho é concebido por Freud como um mecanismo de equilíbrio. Descreve a tarefa como motivada psicologicamente e desempenhando uma função social fora do contexto da pressão e da obrigação. O homem, por meio do trabalho, cumpre funções essenciais de equilíbrio para sua personalidade, por intermédio de um tipo de realização que lhe garante uma firme articulação com a realidade e com o grupo humano a que pertence. Em suma, o trabalho reforça os vínculos entre realidade e indivíduo, e faz deste uma pessoa situada e criadora. E o lazer?

O conceito de lazer já foi utilizado de muitas maneiras, por isso convém colocá-lo em ordem. A expressão "sentido do gratuito" costuma ser usada para indicar os aspectos mais importantes dessa questão. É possível definir a partir desse enfoque, por oposição, o conceito de utilidade ou de praticidade. O lazer representaria assim a atitude mental que nos permite dedicarmo-nos a uma determinada atividade sem pensar antes nos resultados úteis ou práticos inerentes a ela. A atitude contemplativa pode ser considerada um ingrediente do lazer. Assim, este se apresentaria na capacidade do indivíduo para se desligar, a cada tanto, de suas preocupações diárias e de suas obrigações imediatas e contemplar a vida como um observador: o lazer amplia o campo visual do indivíduo e lhe permite captar aspectos da vida que tinham permanecido ignorados por ele sob a pressão das necessidades da existência.

O trabalho apareceu até agora num primeiro plano como o centro de gravidade e de equilíbrio do homem. O papel de equilíbrio aumenta sensivelmente quando o tipo de tarefa foi escolhido livremente (vocacionalmente): toda a personalidade está comprometida na situação, e a operação de equilíbrio se realiza por meio de mecanismos de descarga e sublimação. Por outro lado, pesquisas psicológicas e sociológicas evidenciaram os aspectos nocivos da privação do trabalho, a qual, como no caso anterior, desemboca numa depressão mais ou menos grave: por exemplo, no caso dos aposentados. Os que observam que, por enquanto, o lazer por si só parece não substituir totalmente a função do equilíbrio psíquico e de satisfação e felicidade alcançada com o trabalho apresentam uma situação insólita. Foi o que constatamos em nossa experiência pessoal ao realizar uma pesquisa sobre o planejamento do trabalho numa região do sul do país. Nossa tarefa se deslocou do estudo do planejamento do trabalho a este novo campo do planejamento do lazer e exigiu pesquisas motivacionais urgentes, já que o lugar do lazer tendia a ser invadido por múltiplas tarefas e atividades sociais e anti-sociais.

O limite entre o lazer e as obrigações aparece claro no indivíduo mas confuso na realidade, e em torno desta fronteira efetuam-se numerosas atividades fora do trabalho, com características mistas que podem ser situadas diferentemente de acordo com a função e a obrigatoriedade. Os sociólogos franceses as denominam de "semilazeres" e são as tarefas semilucrativas, semi-utilitárias, semicriativas e semi-educativas. Se a isso se acrescentam as obrigações sociais e familiares, os semilazeres ocupam, dentro da vida da maioria das pessoas com trabalho, mais ou menos o mesmo tempo que o lazer real.

A moda, barômetro social

A banalidade, o capricho, a intranscendência são a máscara com que a moda urde sua armadilha. Quando o psicólogo, seduzido pelo ritmo vertiginoso deste fenômeno e tranqüilizado em seus medos pela aparente superficialidade do tema, se introduz – não sem um certo pudor – nesse mundo, depara-se de súbito com um fato coletivo que revela de forma imediata e incontestável tudo o que há de social em nosso comportamento.

Essas variações contínuas, efêmeras, que obtêm aprovação social e que imperam no vestuário, na decoração, na arte, na linguagem e em outros aspectos da cultura, se impõem como pautas ou modelos de conduta. A moda surge da inter-relação de duas tendências aparentemente opostas: a necessidade de se diferenciar, de se exibir, por um lado, e a de se integrar num grupo social superior por meio da imitação, pelo outro. O fenômeno da moda está intimamente ligado a dois elementos-chaves de nossa cultura: o poder e o prestígio. O refinamento do vestuário é um indício da capacidade aquisitiva de quem o usa e indica seu papel e *status* social. A mulher ocupa lugar de protagonista aqui, já que, dada a simplificação e a padronização da roupa masculina, é ela quem deve mostrar de modo indireto o poderio econômico e a situação social de seu marido. Também foi dito que a moda surge de uma tensão entre dois grupos sociais: um ativo, que a estabelece e fixa (uma espécie de aristocracia), e outro relativamente passivo, que a imita e procura segui-la. Essa elite condutora da moda, ao mesmo tempo que tenta evitar a imitação, necessita dela para manter sua liderança. Desse jogo nasce o movimento e a mudança; quando a nova moda se difunde entre as distintas classes sociais, assina sua sentença de morte e imediatamente emerge outra em seu lugar.

O criador, que poderia ser definido como o *ideólogo* da moda, atua como um pontífice que se apóia em um grupo escolhido (verdadeiro grupo de pressão e poder) que pertence ao mais elevado nível social. Este paga uma fortuna pela primazia e mantém por meio desse preço um monopólio da novidade que lhe outorga prestígio.

O ritmo de mudança vem aumentando na medida em que se multiplicam os meios de comunicação; a nova moda se propaga por meio de um modelo abstrato, por exemplo, o figurino; o rádio, a televisão, as revistas lançam essa nova linha; os salões da moda perdem seu caráter de cenáculo inacessível; tecidos, cores e adornos são produzidos em série e com distintas qualidades.

Essa variação constante se justifica porque satisfaz uma necessidade psíquica: a de renovação. Reafirma o sentimento do eu, compensa as frustrações de nossa tarefa, adula nossas tendências exibicionistas, instrumenta nossa busca de aprovação e de vínculo sexual, nos integra com um grupo privilegiado e, por isso, a moda é um fenômeno coletivo e social, já que nos reveste de seu prestígio e segurança. A moda se distingue do *costume* porque este é uma norma institucionalizada, com validade geral. Não acatá-lo traz sanções, obedecê-lo é uma obrigação e ninguém nos valoriza por isso. A moda, em contrapartida, tem uma vigência relativa, e acatá-la implica uma valoração positiva. Daí seu caráter tirânico e fascinante.

O costume, que é uma estrutura estática, alimenta-se paradoxalmente desse incessante fluir da moda que o mantém vivo. Podemos dizer, então, que o costume, convenção institucionalizada, é a trama temporal-espacial por meio da qual a moda tece incessantemente seu jogo. Mas, quando é o conglomerado dos costumes que entra em estado de revolução, produz-se na sociedade uma crise de ambigüidade, uma carência de padrão de referência, de *modelos*; é esse o problema de nosso tempo, que, de uma maneira significativa, a moda atual indica.

No campo do vestuário surgiu no último ano um criador que pode ser considerado um verdadeiro agente de mudança social: Courrèges, autor de uma "linha espacial", adiantando-se a seu tempo, produziu uma moda tão impactante que parece ter paralisado os outros criadores, ao passo que o consumidor, pressionado entre uma sociedade de mudança e a resistência inconsciente a ela, permanece na incerteza.

A estreita vinculação já apontada entre moda, papel, identidade e *status* social aparece mais claramente ao analisarmos esta situação de ambigüidade e semiparalisação que afeta a moda, assim como o consumidor. Nesse mundo do futuro a que alude Courrèges e que inconscientemente rejeitamos por meio da "moda das antiguidades", condicionado por mudanças sociais e uma revolução espacial, os núcleos privilegiados serão outros, se modificarão os papéis sociais, haverá ascensos e descensos de *status*, surgirão novos grupos de poder com novas elites. Por isso abunda, hoje mais do que nunca, a clássica exclamação: "Não sei o que pôr!", traduzível por: "Não sei como me vestir, porque não sei quem sou nem onde estou."

Engrenagem e envoltório

> *Sem essa tonta vaidade que é nos mostrarmos e que é de todos e de tudo, não veríamos nada e nada existiria.*
>
> Antonio Porchia

    Quando o homem da rua descobre que a engrenagem social na qual se ampara se encontra em plena revolução, e entende que as norma fixas sobre as quais desliza placidamente sua vida cotidiana se modificaram, é sacudido por um sentimento de insegurança: a inquietação de sentir que o chão se abre sob seus pés. Experimenta então uma das doenças sociais mais significativas de nosso tempo: a perda da identidade, a que aludimos anteriormente, caracterizando-a pela frase: "Não sei quem sou nem onde estou."

    Uma sociedade estável permite ao indivíduo reconhecer-se através de uma série de funções fixas, que funcionam como espelhos, dando-lhe um rosto. Mas, hoje, esses espelhos, como os de um sinistro parque de diversões, devolvem uma imagem distorcida e irreconhecível. A confusão de papéis sociais, que toca tanto o homem como a mulher, a quebra de estereótipos de pensamento e conduta, a incerteza acerca de um destino imprevisível, desembocam numa situação crítica e angustiante que exige ser esclarecida.

    É quando cabe ao *corpo* cumprir um papel de protagonista nessa tentativa do homem de construir a ideologia que lhe permite situar-se no tempo e no espaço. Como fundamento orgânico do qual emerge a personalidade, será o ponto de partida de uma imagem do homem total. O corpo se converte no signo de diferenciação, intimamente ligado à identidade.

O esquema corporal é uma estrutura mais ou menos flexível, que vai se enriquecendo com o passar do tempo, uma imagem de nós mesmos que inclui quatro dimensões (três dimensões espaciais e uma temporal) e subjaz no inconsciente operando constantemente em diferentes aspectos de nossa conduta. E por meio desse esquema o homem contempla o mundo e nele se situa.

A primeira imagem de nosso corpo é a da nudez, que vem acompanhada de um sentimento de desamparo – não só de vergonha – e que tende a ser resolvida mediante um envoltório: a vestimenta. É então que esta, com toda a sua significação de máscara, de encobrimento e de impostura se incorpora a nosso esquema corporal e se converte num traço de nossa civilização. A flexibilidade dessa imagem interna possibilita que tudo o que se ponha em contato com o corpo se incorpore a ela. O homem lança mão de vários recursos para modificar objetivamente esse esquema, na ânsia de satisfazer um exibicionismo natural, expectativas de origem estética e sexual, necessidades de aprovação social e de prestígio. Recorre a diversas técnicas: a tatuagem, a pintura dos lábios e do rosto, o tingimento e a arrumação dos cabelos, a peruca. Mas são as roupas que, de uma maneira particular, cumprem essa ambígua missão de encobrir e mostrar.

Alguns autores entendem que o pudor desempenha um papel decisivo no fato de se vestir, e, embora seja indubitável que com o vestir procuramos cobrir nossas partes sexuais, cronologicamente, no ser humano surge primeiro – a criança é um exemplo típico – uma tendência à decoração: somente mais tarde, com o condicionamento de uma determinada cultura, aparece na vestimenta o ingrediente do pudor e da proteção.

O grau de identificação entre corpo e vestimenta é tão grande que uma modificação nas roupas implica sempre uma variação de atitude; assim, quem sofre uma perda deve evidenciar sua dor por uma roupagem determinada, o luto, que implica uma modificação em seus hábitos e no tratamento que recebe dos demais. A vestimenta é uma expressão indireta de cada indivíduo, e não só está incluída de forma definitiva em nossa própria imagem como é parte da imagem do outro. É a máscara que oculta a nudez própria e alheia, e a personifica; é o *envoltório que silenciosamente* indica quem somos e diante de quem estamos.

A escolha da roupa adequada significa então que, por meio do esquema corporal, estamos captando as primeiras chaves de nossa identidade. Em íntima relação com a imagem aparecem os problemas de auto-estima e a busca de aprovação. Dessa maneira, torna-se mais clara a função social e psicológica da vestimenta. Esta deve satisfazer simultaneamente dois interesses opostos que a vida em comunidade coloca em jogo: a necessidade de nos mostrarmos e a inegável vergonha de nós mesmos.

O nudismo, essa ideologia que considera o vestir apenas como impostura, é uma forma de exibicionismo que tende a alcançar a nudez do outro, e se origina em uma descontrolada curiosidade pelo corpo dos demais. Nele não ocorre essa tensão equilibrada entre o pudor e o se mostrar, porque essa exibição rebelde é inibitória de toda atração sexual. Poder-se-ia dizer que o nudismo é uma institucionalização dessa estrutura narcisista, desse gesto gratuito, o *strip-tease*, instrumento com o qual a moral burguesa se encarrega de frustrar o instinto sexual constantemente estimulado.

Sociedade, mudança e identidade

A primeira relação com o mundo se estabelece por meio das necessidades corporais, e é dessa inter-relação inicial corpo-mundo que surgirá a primeira escala de valores, a primeira concepção da realidade.

Assim se criam os primeiros vínculos – bons ou maus – com o ambiente. Cumpre-se, então, pela exigência da necessidade e da resposta do mundo circundante, a primeira experiência totalizadora em que se incluem as três áreas nas quais transcorre a vida do homem: mente, corpo e mundo. Essa experiência inicial converte-se numa pauta que irá reger o acontecer psíquico posterior. Ao longo de sua vida, o sujeito se deparará com situações de mudança que reativarão as ansiedades iniciais. A sucessão dessas situações de passagem constituiu o processo que culmina com a maturação do eu.

Na puberdade, a criança, ao mesmo tempo em que tem experiências de crescimento físico, modificações de importância em seu esquema corporal, deve enfrentar novas exigências da sociedade. A tarefa que o sujeito tem pela frente consiste em obter uma identidade e uma continuidade a partir do que foi e é como indivíduo, por um lado, e do que a sociedade vê e espera dele, por outro.

Nesse momento, o sentido da identidade aparece como culminância e ordenação de identificações com imagens isoladas do passado, mas remodeladas de acordo com uma autodefinição a que chamaremos comunitária. A luta entre o novo e o velho adquire no adolescente uma cruel intensidade: a dúvida profunda, as atividades compulsivas e até o isolamento psicótico devem, às vezes, reafirmar no adolescente solitário a onipotência de suas antigas identificações ou ajudá-lo a abandoná-las bruscamente. Nesse particular momento do desenvolvimento, a sociedade se introduz em sua vida exigindo dele que assuma novos papéis, vividos pelo adolescente como uma situação de mudança.

Numa sociedade mutativa como a nossa, que sofre um vertiginoso processo de industrialização, existe o perigo de desvios na adaptação à realidade. Adquire vigência então a inquietante pergunta do psicanalista e sociólogo norte-americano E. M. Eriksson: "Quais são as identidades comuns sobre as quais homens e mulheres podem basear uma futura cooperação nos pequenos e grandes assuntos, e o que causa as ansiedades? É um temor à perda o que impediria por ambos os lados reconhecer os interesses comuns, cultivá-los na privacidade e arraigá-los firmemente em novas fórmulas políticas." Essa formulação está diretamente relacionada com os critérios destinados a avaliar a *personalidade sadia*. Dentre esses critérios não é só o fator *identidade* que conta, mas também a possibilidade de designar, descrever ou formular o capital que pode ser acumulado em termos de experiência. O *eu* deve construir seu grau de fortaleza em função de uma longa dependência e de um paulatino progresso rumo à independência. A não-resolução completa dos conflitos de desenvolvimento deixa um resíduo psíquico que consiste em sentimentos e atitudes básicas que se farão presentes cada vez que o sujeito enfrentar uma situação crítica em sua vida; assim, pode aparecer um *sentimento de dependência*, alcançando um equilíbrio precário. Essa estrutura, que se chama *forças do eu*, inclui várias atitudes que parecem reafirmar o sujeito, girando em torno de um problema existencial básico: *o sentimento de solidão*.

As forças do *eu*, com características particulares, tornam possível avaliar, em nós mesmos e nos outros, o grau de *saúde mental*. O primeiro desses critérios é a *confiança básica* – com sua contrapartida, *a desconfiança básica* – alcançada por meio de sucessivas experiências corretoras: o resultado é a *confiança básica*. A criança, que parte de experiências difusas de seu *próprio corpo* em face da maior ou da menor insegurança de seu primeiro ambiente, pode chegar a adquirir a sensação de *continuidade* e *identidade* como resultado de uma articulação entre seu mundo externo e interno: base da relação indivíduo-mundo. Isto deve ser completado pela ação das instituições sociais, de onde emerge a segurança coletiva.

Com um capital de *confiança básica*, pode-se enfrentar as próximas mudanças; o *sentimento de autonomia* é o resultado dessa operação (o espaço próprio). Se isto não ocorrer, o sujeito sofre de forma latente de sentimentos de impotência que provocam crises de raiva e suas conseqüências: a vergonha e a dúvida.

Para avaliar a *maturidade adulta* levamos em conta: 1) capacidade para adquirir um *sentido de intimidade*: a simpatia, o amor e a união sexual sem medo; 2) isto evolui sob forma de *sentido de fecundidade*: capacidade para gestar, criar a geração subseqüente, assim como toda a capacidade criadora social, estética e intelectual; 3) a *integridade*: consolidação e fim seguro de tudo isso; 4) a *sabedoria: emergente e síntese que deve ser redescoberta por e para cada nova geração.*

Olhar, corpo e motivações

Um braço que se estende, uma mão que se levanta, as posturas, os gestos, o caminhar, não são no ser humano atos de um autômato, mas movimentos que, analisados em seu contexto de espaço e tempo, aparecem plenos de significação. O movimento não é outra coisa do que o signo revelador da alternante harmonia e discórdia entre o homem e o mundo, que tende a se resolver por meio da conduta.

Assim, o corpo, protagonista do movimento, começa a ser entendido como inserido num âmbito social, no qual age como sistema de expressão e de linguagem. A filosofia moderna, e com ela a psicologia, redescobriram o corpo como o *lugar* do sujeito definindo-o como aquilo que nos é mais próprio, menos alheio e menos antagônico. Esta característica é o resultado de uma análise do vínculo entre o corpo e o eu.

No entanto, surge a suspeita de que alguma mudança decisiva pode acontecer nesse corpo tão nosso, a partir do momento em que possamos nos distanciar dele e *presenciá-lo*, como uma coisa entre outras. Isto ocorre quando o submetemos a uma observação total ou parcial. Aparece, então, um sentimento de estranheza que converte o corpo que *somos* num objeto que *temos*, que está à nossa disposição.

Sartre abre o caminho para a psiquiatria existencial quando descobre no corpo uma tripla dimensão, na qual inclui a presença do próximo, seu olhar, como um fator que o constitui. O corpo "é sob o olhar do outro".

A primeira das instâncias corporais está integrada pelas qualidades do corpo, suas medidas, sua eficiência, sua capacidade e sua vulnerabilidade, que só aparecem quando o corpo como tal fica silenciado, esquecido, absorto numa tarefa que pode ser tanto a execução de uma obra como a contemplação. Assim, a eficiência da mão se evidencia quando, de alguma maneira, *se perde* na tarefa, e não por meio do estudo de sua forma.

Sob os olhos do próximo surge uma segunda dimensão do corpo, que o revela como um organismo em funcionamento regido por uma central. Esse olhar que o sujeito não percebe, dado que o observa quando está absorto, o disseca, o converte em uma coisa. A terceira dimensão corporal aparece quando o sujeito descobre que é olhado. A valoração que fará de seu corpo estará vinculada com a direção do olhar do outro, e, por outro lado, o sujeito poderá intuir diversas apreciações sobre seu corpo segundo como e onde é olhado. Dentro dessa mesma dimensão pode-se situar uma valoração afetiva primária, ou seja, existem culturalmente partes do corpo com conotações estéticas e sexuais determinadas, pré-fixadas.

A teoria das motivações, intimamente ligada com os problemas da publicidade e o estudo do consumidor, interessou-se vivamente pelo corpo, contemplando-o em seu aspecto instrumental e em suas funções como subestrutura temporal-espacial do eu e depositário de suas necessidades.

Tudo isso tem de ser levado em conta quando se tenta motivá-lo, isto é, estimular certos apetites mais ou menos reprimidos ou inconscientes, transformando-o assim de um consumidor potencial num consumidor orientado. O homem não é simplesmente uma máquina que reage ante os estímulos físicos, não permanece inerte à espera de que forças externas o sacudam. O uso de palavras tais como desejo, impulso ou vontade denuncia o movimento próprio do organismo.

Do ponto de vista da sociedade, outro problema se coloca: como se pode produzir uma pessoa que necessite ou deseje o que a comunidade aprova, exige ou premia? Como se pode treinar o impulso para que se encaixe nas demandas de um papel social? Quando os impulsos da estrutura psíquica de uma pessoa se dirigem a objetivos socialmente aprovados, eles a apóiam e a garantem em suas funções, porque se verifica um ajuste entre papel atribuído e papel assumido.

O impulso orgânico e as situações estão de tal modo vinculados que o impulso busca a situação como saída, e a situação proporciona as chaves e estabelece o tipo de conduta que dará satisfação ao impulso. No homem é possível investigar tanto sobre o corpo em si como sobre o corpo vivido. A tarefa científica consiste em compreender esse conjunto de estruturas objetivas e procurar indagar como pode constituir o fundamento sobre o qual se estabelece uma motivação do comportamento.

As atitudes corporais, a capacidade de expressão por meio do corpo ou linguagem pré-verbal, como a dança ou a mímica, que podem ser criativas se não estiverem submetidas a normas fixas, representam uma fonte de prazer. Por meio disto um sujeito pode realizar uma verdadeira reorganização corporal, embora sempre limitada, não representando uma liberdade absoluta, mas um poder fazer motivado. Só se é *livre por intermédio* das motivações.

O corpo cumpre, por último, uma função defensiva do ponto de vista psicológico: quando se desloca sobre ele a fonte de angústia e de ansiedade, para poder assim controlar os objetos persecutórios, aparece a hipocondria.

O boato

O boato é a comunicação maciça e difusa, centrada na informação de que um fato – de características não explicitadas – vai acontecer. Trata-se de uma mensagem subliminar suscetível de ser realimentada e intercambiada. O boato tem um conteúdo manifesto e outro latente, que pode ser interpretado, operativamente, como um sonho. A transmissão em cadeia que caracteriza o boato tem como ponto de partida um fato real mas distorcido. Uma situação de tensão, um clima de expectativa determinado sempre por fatores socioeconômicos, conduz à modificação da percepção de um fato e à sua deformação. A informação é transmitida rapidamente, porque sua índole subversiva desperta uma tal quantidade de ansiedade que obriga a depositá-la em outro.

Por que a informação incha por meio de sucessivas passagens? Porque a notícia, de alguma maneira, "atinge" algum ponto vulnerável do receptor, comove-o e se difunde a uma velocidade proporcional à universalidade dos interesses que o boato afeta. A desconfiança básica se instala, e, em conseqüência, diminui a capacidade de discriminação.

Uma vez estudada a emergência do boato, procuraremos compreender as estruturas sociais que funcionam como substratos da situação de crise que se caracteriza por um estado de *anomia* ou desintegração social que, quando chega a ser dominante, pode levar ao suicídio em massa ou a seus equivalentes (rupturas). A violência subjacente produzida pela acumulação de frustrações prepara o clima em que emerge – sobre um fato real mas deslocado e distorcido, cuja difusão encontra livres as vias de comunicação porque o medo e a expectativa levam a absorver o boato – esse par transmissor-receptor. Este vai se multiplicar e se estender abarcando uma área com intensidade tanto maior quanto maior seja a incerteza e a insegurança centradas em torno de um problema básico: *a necessidade*. O indivíduo tende a rever suas ideologias e assume uma atitude crítica, adquirindo mediante a divulgação do boato uma certa segurança: a de já estar em ação.

Quando o boato não se resolve através de qualquer forma de ação, provoca no indivíduo um grau de inquietação tal que o paralisa; isto se observa particularmente em pessoas da classe popular onde o grau de insegurança é maior. A diminuição da produtividade é sua conseqüência.

Numa situação normal, uma série de grupos com papéis mais ou menos específicos e alguns institucionalizados gravitam em torno do Poder: o *grupo de interesse* com função genérica, com subpapéis de *pressão*, de *tensão* e de *poder*. O dinamismo que preside a operação desses grupos está relacionado com a pretensão da participação na *decisão política*. Desse ponto de vista, podem ser localizados espacialmente, tomando como centro o Poder: os de pressão colocados no mesmo nível desse, os de poder acima dele e os de tensão por baixo. A distinção entre grupos de interesse e fatores reais de poder esclarece o panorama das operações dos diferentes grupos.

Os fatores reais de poder são aqueles que regem uma determinada sociedade (a força e a atividade efetiva do poder). Ou seja, são os *instrumentos* de poder organizados para que este *exista, se manifeste e aja*. O grupo que chamaremos *Poder político central do Estado* opera, por sua vez, com o auxílio de dois grupos instrumentais: 1) o tecno-burocrático, e 2) o militar, além da polícia civil como seu prolongamento. Este último grupo está encarregado de determinadas funções e, enquanto se mantiverem institucionalizados, garantem a obediência, a ordem e outras normas. Desta maneira, o Poder consegue identidade e domínio.

Quando ultrapassam o enquadramento institucionalizado e operam de modo autônomo, convertem-se em *árbitros* do Poder bem como da própria sociedade civil. As Forças Armadas e a burocracia não são grupos de interesse mas instrumentos do poder efetivo ou "fatores reais de poder". É particularmente o grupo militar (ou poder militar ou Forças Armadas) que, abandonando suas funções de defesa externa, instrumental do Poder, começa a agir por conta própria. O caminho da lei é abandonado, a ordem civil torna-se instável ou desaparece, *a democracia morre.*

O conflito básico que aflige toda estrutura se dá entre o poder militar e a autoridade civil. Os grupos armados operam de maneira tal que quando não constituem o poder de fato agem como agressores *potenciais* e são os mentores do processo de desintegração das instituições políticas (anomia). Quando ocorre um golpe, o povo perde subitamente sua proteção, o pânico se propaga e as pessoas se sentem desprotegidas. Assim, as Forças Armadas, de instrumento do Poder central convertem-se em partido político armado, ou facção ou grupo de pressão.

O outro grupo instrumental, o tecno-burocrático, pode agir como *grupo de tensão*. Quanto aos *grupos de poder*, estes podem ser definidos, mais do que por sua totalidade, pela atividade de *agentes* de um grupo de interesse que ocupam postos de mando com a categoria de subclasses ou grupos de pressão. São estes o cenário e os personagens que hoje estão, em pleno ensaio geral, com a cortina fechada.

Outras considerações sobre o boato

O boato, na medida em que é interpretado como um emergente significativo, perde sua condição de irrealidade. É uma definição falsa de uma situação, que suscita uma conduta nova, que procura transformar em verdadeiro um conceito originariamente falso. Poder-se-ia caracterizá-lo como uma profecia equivocada, que, no entanto, se cumpre mediante este mecanismo.

Entendido como um elemento estratégico, foi utilizado em caso de guerra, promovendo movimentos de opinião tendentes a debilitar a operatividade do setor que se desejava abater. O boato é uma arma na guerra psicológica, e pode ser a mais contundente se for empregada no momento preciso. Fomentar o medo, desanimar, inquietar e deteriorar a auto-imagem de uma nação ou de um setor são seus objetivos. O uso do boato converte-se assim numa técnica dentro do contexto da comunicação de massa. Cada país conta com seu próprio sistema, e a difusão do boato costuma partir de centros que chegam a utilizar o rádio, a televisão e os espetáculos públicos, incluídos no âmbito da comunicação informal que joga com a imaginação do sujeito receptor.

Considera-se, geralmente, que boa parte das conversas consiste em intercâmbios de boatos. Este tipo de boato foi, erroneamente, denominado de ocioso, pois, de acordo com as aparências, recorre-se a ele para preencher um espaço vazio e aplacar um silêncio que, instalado entre dois interlocutores, pode ser inquietante.

No entanto, por sua condição de emergente situacional e operacional, nenhum boato é inocente; carrega sempre sua carga de intenção e de sentido. O mexerico e o boato diferenciam-se um do outro pelo caráter coletivo do segundo, ao passo que o primeiro, que também pode ser definido como murmúrio, move-se num âmbito restrito.

O problema do boato adquiriu uma inquietante vigência e pôde ser investigado nos moldes de uma indagação operativa (*action research*) durante a última grande guerra. Tratava-se de opor uma contra-estratégia destinada a neutralizar o impacto produzido por uma onda de informação inimiga.

Isto determinou que psicólogos de prestígio se dedicassem ao estudo de um tema aparentemente banal. Gordon Allport e Leo Postman foram especialmente encarregados pelo governo dos Estados Unidos de uma pesquisa sistemática. Seu contato com esse fenômeno social revelou o caráter significativo, antecipatório e jamais gratuito desse tipo de informação.

Foi possível estabelecer, então, analogias entre o boato e suas sucessivas deformações, com o decurso das lendas e a mudança que estas sofrem ao longo dos anos. Descobriram-se assim mecanismos universais presentes em todo testemunho, na piada, na autobiografia, na história e, até, na própria criação artística.

A partir disto, podemos considerar, como principal processo que rege a elaboração do boato, um mecanismo que Freud descreveu e que chamamos de *racionalização*. Este age permanentemente em nossa vida psíquica, constituindo um processo duplo, no qual o sujeito desmonta as peças da informação, com o propósito de negar os perigos contidos no boato. As *razões* lhe servem de instrumento, mas não pode evitar montá-la de novo de acordo com um estilo pessoal, em que deposita suas fantasias e encobre seus desejos, seguindo passo a passo a dinâmica da construção dos sonhos.

Do ponto de vista social, podemos entender que este aparentemente ingênuo mecanismo de negação pode absorver outros ingredientes, entrando então em jogo a impostura, a cumplicidade e a traição. Esse dispositivo de racionalização, que nos proporciona pretextos transformados em razões, segue precisamente a mesma distorção que, com maior ou menor intensidade, sofre a maioria dos meios de comunicação entre as pessoas.

Outros mecanismos descritos na gestação do boato são as tendências a nivelar, a acentuar, a assimilar os conteúdos culturais e pessoais que funcionam em todas as formas da comunicação humana, salvo aquelas rigidamente ajustadas por normas de verdade objetivas e impessoais.

Também devemos levar em conta, no receptor do boato, uma atitude particular em face da informação, que definiremos como uma *disposição para acreditar*, e assim chegamos a afirmar que o boato é uma proposição feita para acreditar, que passa de pessoa a pessoa, geralmente em forma oral, sem meios comprovatórios que mostrem sua veracidade: atualmente utiliza todos os meios de comunicação de massa.

A operação boato vem acompanhada, em geral, por uma ação publicitária ou panfletária, que pode ser, por sua vez, interpretada numa *clínica de boatos*. Estas clínicas estruturaram-se num momento particular da última guerra. Tinham por objetivo elucidar o conteúdo latente do boato, localizar sua fonte e desintegrar seu conteúdo ideológico por meio de uma indagação esclarecedora, usando todas as vias de comunicação. Na explicação do boato evidencia-se uma linguagem simbólica que orienta a pesquisa, já que os símbolos motivam a conduta e indicam as expectativas dos outros.

Os motivos do comportamento

> *A história é uma galeria de quadros que contém poucos originais e muitíssimas reproduções.*
>
> Alexis de Tocqueville

Por trás de cada conduta humana oculta-se uma chave, um *porquê* que constitui o campo específico de toda pesquisa motivacional.

Nesse tipo de indagação acerca das razões profundas do comportamento nos perguntamos em primeiro lugar *por que* as pessoas escolhem uma ação e rejeitam outras, ou seja, deparamos com o fator *direcional* de uma determinada ação. Imediatamente depois tropeçamos em outro problema: o de *por que* o indivíduo *persiste* nessa ação durante um tempo mais ou menos extenso, mesmo quando para isso tenha de enfrentar todo tipo de dificuldades. Chamamos esta característica da conduta de fator de *persistência*. Por último, apresenta-se à análise a atitude que o *eu* toma em face da determinação da conduta (fator de decisão) e o controle e alcance das ações e dos pensamentos, ambos influenciados por motivações subjacentes.

Esta implacável inter-relação que tem como resultado distintos tipos de comportamento (empresarial, político, religioso, militar, etc.) inclui em sua gênese, por um lado, os motivos inconscientes que formam um sistema unificado e organizado e, por outro, os três fatores já mencionados.

Ocupar-nos-emos agora não apenas dos objetivos e das necessidades humanos, mas das diversas formas com que o *eu* enfrenta tais necessidades, pois as ações do homem se guiam pelo fio condutor do conhecimento, isto é, por meio do que pensamos, cremos e vemos.

No momento em que nos interrogamos sobre *por que* assumimos um determinado comportamento e não outro, penetramos no contexto das *motivações*, que são forças que empurram para a ação, tal como as compreendidas no conceito de desejar ou temer. Desejamos o poder, tememos o ostracismo social e tudo aquilo que ameaça nossa auto-estima. Desejar o poder, por exemplo, supõe um esforço e um tempo para alcançar uma meta. Trata-se de uma operação concreta, fortemente motivada. É por meio da análise motivacional que obtemos uma nova dimensão no conhecimento do homem, aproximando-nos da compreensão de sua conduta e tornando possível agir sobre ele. A psicologia social criou um esquema referencial que permite interpretar os fatos do comportamento e, mais ainda, prevê-los. Esta capacidade de antecipação é a que lhe outorga sua categoria de ciência.

A conduta é sempre motivada e motivante. Segundo alguns psicólogos, "o homem não é um boneco de borracha que grita quando é apertado". Reage ante os estímulos externos de acordo com sua própria formação biológica, seu comportamento anterior e o estado particular – o aqui e agora – de seus processos internos.

As necessidades motivantes do homem não se reduzem às exigências básicas da subsistência. Isto pode ser observado em atividades como o jogo e a curiosidade ociosa, na conduta sexual e em todos os impulsos aprendidos relacionados com fins econômicos e sociais.

Seus efeitos são tão diversos que podem aparecer tanto na conduta de um animal faminto como nas ações de um político ambicioso empenhado em conseguir prestígio. A motivação é a atividade persistente do organismo que planeja, por meio da aprendizagem e da comunicação, o comportamento dirigido a satisfazer suas necessidades.

Certas formas de motivações incluem também os estados internos que acompanham a emoção. As tensões que surgem da ira, do ódio e do medo levam o indivíduo a protagonizar condutas que lhe produzirão alívio. Os estados emocionais agem de modo entrelaçado, em conflitos ou sem eles, sendo que o resultado dessa inter-relação dialética é uma extensa gama de condutas significativas e variáveis.

Impulso e objetivos mudam continuamente ao longo do desenvolvimento do indivíduo, organizando-se progressivamente em torno do *eu*. Este *eu*, incluído num contexto de grupos e classes, utilizando sistemas de referência que fazem com que a conduta seja cada vez mais adequada por meio de um processo de aprendizagem social, se situa e se instrumenta. O *eu* se encontra, pois, intimamente ligado ao sentimento de pertença a um grupo, dispondo de um sistema de auto-avaliação com o qual tem de enfrentar e discriminar os valores, seu nível de aspiração e seu índice de realização e rendimento que dependem, em última instância, de fatores sociais e situacionais, resolvidos por ele numa instrumentação alcançada por intermédio de uma contínua aprendizagem.

A opinião pública

> *Sem diálogo não há consciência.*
>
> Sócrates

A opinião pública é para o jornalista – técnico da informação – o campo para o qual se dirige sua ação. Embora a manipulação da opinião se amolde às exigências de sistemas filosóficos e de aspirações políticas flutuantes, o problema gira sempre em torno de dois eixos: a) a natureza da opinião, e b) indicar o traço capaz de transformar em "pública" uma determinada opinião. Existe uma estreita relação entre as noções de *atitude* e *opinião*. Poder-se-ia definir a segunda como a expressão verbal ou não de atitudes, sempre que ocorra numa situação de controvérsia, ou seja, quando não existe unanimidade de atitudes a respeito do mesmo valor social.

O complexo âmbito da opinião pública deve ser desmembrado em vários campos; por exemplo: 1) o que é uma atitude; 2) de que maneira uma atitude se transforma em opinião e como esta chega a ter caráter público. Progressivamente, a inofensiva idéia de "opinião pública" se transformou num dos setores de pesquisa mais ricos e, ao mesmo tempo, mais carentes de investigações, para o qual converge o interesse de todas as ciências sociais.

O esquema da escola francesa, que dá a direção da investigação, interpreta o fenômeno de opinião como a adesão a determinadas fórmulas, como uma atitude que pode ser avaliada segundo uma escala. Os estudos sobre opinião procuram delimitar o conceito, defini-lo como fenômeno social, pesquisando o meio em que emerge, estudar sua influência nos contatos sociais que se estabelecem entre os grupos de diferentes ideologias e elaborar técnicas adequadas para sua investigação. De uma análise comparativa dos conceitos de eficiência, dúvida, boato, decorre que a opinião é um juízo que o homem formula para escapar da dúvida, mas cuja motivação se relaciona com outros problemas que são deslocados para ele.

De qualquer maneira, o objeto a que se dirige a opinião aparece como obscuro, e a inteligência não se aferra a ele como a certeza. Por isso a adesão à opinião não será total, já que o medo de errar por uma má escolha está no próprio centro da questão. E, embora esse temor permaneça implícito, a opinião está sempre rodeada de medo, o que não ocorre com a certeza. A função operativa da opinião é arrancar o sujeito da inquietação da dúvida e dar a ele repouso com a crença de que está certo.

Quando a opinião se converte em adesão total, em virtude de uma necessidade de superar a incerteza, passa a se chamar *convicção*. Uma vez definidos objeto e função de uma opinião, podemos detectar a forma como esta se torna pública. Para alguns, alcança esta categoria quando é manifesta; para outros, o público é um conceito sociológico utilizado para discriminar um grupo desorganizado de características especiais. A opinião é pública sob ambas as concepções, porque tanto seu objeto quanto seu sujeito devem ser públicos nos dois sentidos assinalados. O sujeito está constituído pelo conjunto de pessoas que mantêm sua opinião e que acreditam que outros pensam como elas. Aquele que opina publicamente e forma opinião pública substitui o *eu* pelo *nós* com a consciência de sua pertença a um grupo, de um estar incluído num mesmo contexto com os que têm idêntica opinião embora não os conheça.

O sujeito da opinião pública coincide com o que em sociologia conhecemos como *público* e que designa um grupo de características especiais carentes de organização. Todo público tem um motivo *polarizador* que o define e converte seus indivíduos em membros. O importante é sublinhar que não é necessário, para sustentar uma mesma opinião, nenhum tipo de organização: basta haver algum traço em comum naqueles que, por diferentes vias, chegam a emitir a mesma opinião. Isto não implica que o sujeito de opinião não possa formar grupos mais ou menos organizados que facilitem a organização.

O objeto da opinião pública tem de ser manifesto e notório, o conteúdo da opinião pública é o mesmo que o da opinião em geral, mas adquire seu caráter público ao ser conhecido por muitos. O objeto da opinião pública deve ser expandido, e esta é a função da propaganda; requisito indispensável para obter opinião é o conhecimento do *fato opinável*.

Resumindo, poder-se-ia dizer que as condições para a existência da opinião pública são as seguintes: a) objeto sobre o qual se possa opinar, em controvérsia, que seja conhecido e que desperte o interesse de muitos; b) conjunto de pessoas que opine o mesmo e tenha consciência dessa situação de coincidência; c) isto tem como resultado que cada sujeito, ao conhecer a opinião dos demais, exige de si a própria opinião, de alguma maneira, direta ou indireta; d) a opinião implica uma tomada de posição em face de outras posições. A discussão constitui sua própria essência.

O anonimato

Diante de um fato que abala profundamente as bases de uma estrutura social, seus membros, até então amparados pela rigidez de um enquadramento institucionalizado, sentem-se atingidos pela incerteza. Toda mudança significa, num primeiro momento, dispersão de papéis sociais. Deste vazio surge, nos setores vinculados aos grupos desencadeantes da mudança, uma aspiração por ocupar as funções vacantes, contrabalançada pelo temor paralisante de assumi-las. Temor que tem sua origem no medo de ser superado pela situação, de perder o controle dos fenômenos que se contribuiu para produzir. O que assusta é a possibilidade de se converter em cúmplice de um fracasso.

A inquietação das classes à margem da manipulação da situação, ou seja, "o homem da rua", origina-se, em contrapartida, no desconcerto que lhe produz não ter um ponto de referência, o fato de ser alimentado por boatos contraditórios, ao passo que sente que a informação real fica fora de seu alcance. Ao não suportar a falta de elementos de comparação atribui esse papel aos meios de comunicação de massa: rádio, jornais, revistas, etc. Estabelece então com eles um diálogo de tipo polêmico, animado pela desconfiança e condicionado pelo ressentimento de ter sido excluído do processo.

Ao medir a distância que o separa dos protagonistas do poder, os quais de certa maneira desconhece e despersonaliza, chamando-os "os de cima", procura se incluir em grupos de opinião. Configura-se assim uma ideologia que passa da eufórica expectativa a um pessimismo que pode se transformar em negativismo sistemático. A conjuntura atual presente em âmbito nacional nos permite aprofundar a análise da opinião pública que iniciamos no trabalho anterior.

A opinião pública é um fenômeno típico da sociedade em que vivemos e nasce do confronto de posições, já que a unanimidade de juízos acerca de um fato social deixa de ser opinião para se converter numa crença de valor axiomático.

Por outro lado, o homem contemporâneo, invadido pela técnica, sabe que é mais uma peça dentro de uma gigantesca engrenagem. Tem consciência de ser substituível, de não passar de um número dentro das estatísticas. Essa certeza engendra nele um sentimento de solidão e de perda de identidade. Procura, então, que sua própria imagem lhe seja devolvida, não no isolamento, mas na filiação a um grupo que pode ser o clube, o sindicato ou o partido. Ali recupera um rosto, adquire uma ideologia. Ali adere ao "que se pensa" e ao que se diz, ao mesmo tempo que contribui para configurar a opinião. Também ele, através do grupo, se converte em ator. O sentimento de *pertencer* a um grupo lhe permite obter uma identidade e superar a solidão e o desamparo, podendo transformar sua anterior impotência em agressão.

O indivíduo incluído em um grupo transforma-se no sujeito da opinião pública. Embora o homem seja o único capaz de julgar, esse juízo, transmitido maciçamente, chega a se tornar independente daqueles que o sustentam, a subsistir por si mesmo obedecendo a suas próprias leis. Converte-se numa *coisa* regida por mecanismos próprios. A massa, protegida pelas características de irresponsabilidade de juízo, distância, despersonalização, que chegam até o anonimato, configura uma das situações mais características da opinião pública. É justamente nesse anonimato que se encontra a maior força da opinião. É esse juízo sem identidade particular que se converte no porta-voz e árbitro supremo das decisões sociais. Em face desta "coisa", o indivíduo que descrevemos como solitário e anônimo encontra, por fim, sua força e identidade na intensidade da coesão e solidariedade do grupo.

Ele recupera sua condição humana, alcançada na sensação de estar dotado de razão e vontade, de faculdades de escolha e decisão, em cada momento do aqui e agora de seu contexto social.

O homem isolado só é capaz de ter uma atitude individual, particular, que jamais chega a ser opinião pública. Para que esta se dê, é necessário que se una a um conjunto de indivíduos que opinam *com* e *como* ele, unidos por interesses idênticos, e que, em caso de serem atingidos, a tendência de cada um será unir-se num conjunto sólido de opiniões semelhantes. O que assim se estrutura é uma atitude de defesa solidária em face daqueles que atentem contra o vínculo que os ligava a seus interesses, que formam um patrimônio comum ao grupo.

A consciência desse patrimônio é a origem da consciência de classe.

Isolamento, poder e informação

O homem da rua, o indivíduo anônimo, encontrou por fim sua força e sua identidade na filiação a um grupo, na adesão a uma ideologia. É então que, como elemento-chave da opinião pública, reabre um diálogo com o Poder. Quando sua decisão como membro de uma massa unificada determina a ação do Governo ou entra em confronto com ela, uma análise destas relações permitirá esclarecer a articulação – nem sempre fácil – entre opinião e Poder.

Todos os mecanismos que conduzem à decisão estatal sofrem interferência ou são perturbados pela pressão dos grupos minoritários que se movem dentro da estratégia política como peças de xadrez e agem como terceiros na discórdia entre Povo e Governo. À autoridade, que não tem outra alternativa senão reconhecer a força da opinião e tentar viver em harmonia com ela, cabe o difícil papel de lidar com os distintos setores de opinião e equilibrar suas forças.

O vínculo entre Opinião Pública e Poder é dinâmico. Consiste numa interação contínua que se dá no âmbito da propaganda. O Governo recebe o impacto da opinião por intermédio de uma verdadeira estrutura informativa destinada a captar os emergentes do pensamento popular e a devolvê-los – se se trata de um governo democrático – em forma de mensagem esclarecedora.

Uma boa condução política, assim como um controle social eficaz, dependem em grande parte da objetividade dos organismos transmissores desse devir da opinião pública como propaganda e da informação governamental como contrapropaganda. A situação apresenta uma curiosa analogia com a terapia psicanalítica: o paciente (neste caso, o povo) apresenta suas fantasias ao terapeuta (o Poder), que as devolve por meio de uma interpretação que tenta ser esclarecedora, e, assim, esse processo dialético se realimenta constantemente.

Quando se produz um desajuste na comunicação entre Poder e Opinião, quando a necessidade de uma resposta informativa ou de uma decisão eficaz se vê frustrada pelo silêncio, pela distorção ou inoperância dos organismos que sustentam o poder, o homem médio e os grupos em que se inclui experimentam uma ansiedade que se traduz em incremento de conflitos trabalhistas, diminuição da produtividade, ao mesmo tempo que qualquer fato pode desencadear uma violência coletiva desproporcional. Em suma, aumenta o índice de tensão social.

As revoluções se produzem em conseqüência da ruptura do diálogo entre setores de opinião e Governo. A confusão de valores, a falta de comunicação e o divórcio entre a ação governamental e a aspiração do povo marcam o momento da crise.

Neste momento, volta a se estabelecer um diálogo, não mais entre Opinião e Governo, mas numa rede de comunicação implícita que se estende entre a Opinião Pública e os grupos de poder comprometidos na conspiração. Incuba-se então o processo que dará o golpe de misericórdia a um Governo isolado pela distorção da informação. Ou seja, um "xeque-mate" lhe foi dado desde dentro.

Uma vez alcançado o êxito, os grupos que assumiram o Poder disputam entre si a manipulação do vínculo com a opinião, sabendo que esta é uma arma fundamental dentro da estratégia política.

Uma boa utilização de uma quantidade de informações provenientes do âmbito da Opinião Pública e que chega às fontes do Poder – este é sempre possuído por grupos e não por pessoas – torna possível o diálogo e a participação mais ou menos ativa dos distintos setores do país nas decisões.

A ação se estabelece com base numa estratégia construída levando-se em conta todos os elementos que emergem desse quebra-cabeça que é a opinião pública. Um dos movimentos decisivos nessa estratégia é o plano econômico, que as fontes de Poder elaboram e por meio do qual é possível detectar se as aspirações dos distintos grupos que configuram a opinião encontraram resposta.

Uma rede de comunicações recolherá, seja pelo que expressam os comentários jornalísticos, as declarações dos partidos, dos líderes sindicais, seja pelos comentários lançados na mesa de um bar, o eco popular das primeiras medidas do Governo.

O consumidor

Os meios publicitários nos submetem dia após dia a um bombardeio de nomes, *slogans* e imagens. Toda essa insistente estratégia tem um único objetivo: a sedução do consumidor. Assim, cada objeto se converte numa isca, uma possível tentação a que este heróico personagem de nosso tempo responde com atitudes que, quer sejam de aceitação ou rejeição, tentam sempre satisfazer as necessidades colocadas em movimento por estímulos internos e externos.

A conduta consumidora, como qualquer outra forma de comportamento, tem caráter social. Isto quer dizer que é determinada e moldada pelo grupo a que pertencemos ou por aquele que ansiamos integrar. Se a atitude é – tal como a definem os psicólogos americanos – o ponto de conexão entre a pessoa e o meio, a disposição que se adota diante de uma idéia ou situação concreta, podemos definir a *atitude aquisitiva* como aquela que nasce de uma tomada de posição em face dos objetos de consumo.

Cada coisa que vemos, escutamos ou tocamos é um incentivo que desperta em nós o impulso para a posse. O adquirido incorpora-se ao nosso eu, integra-o para compensar os sentimentos de vazio e de despersonalização que nos afligem. O objeto que compramos cumpre uma função psicológica; por trás do véu de sua utilidade prática – nem sempre evidente – movem-se antigos medos e ansiedades que se deixam aplacar por esta maneira de rendermos homenagem a nós mesmos.

O objeto se transforma no depositário de aspectos nossos que, por um mecanismo inconsciente, colocamos nele antes de realizar a compra e que só recuperaremos com sua posse.

A identificação entre o *eu* e o que transformo em *meu* torna-se quase inevitável. O eu poderia ser a soma de tudo o que um homem entende como próprio, sua família, seu corpo, seus amigos, sua inteligência, seu trabalho, sua roupa, seu carro. Os sentimentos que o ligam a estas coisas são todos da mesma *qualidade*, ainda que, certamente, de diferente *intensidade*. Sobre todas elas colocou o selo da posse. São parte dele mesmo porque lhe pertencem.

No âmbito do consumo, como em qualquer outro fenômeno social, ocorre a inter-relação entre indivíduo e grupo com os inevitáveis elementos de segurança, prestígio, *status* e poder.

O medo da perda, a inquietação produzida pela ausência de identidade, vêem-se compensados pela aquisição de objetos – símbolos de pertença a um grupo social – que podem se converter no traço característico de nossa personalidade. Por outro lado, a posse de bens nos dá segurança, incrementa nossa auto-estima e preenche as necessidades básicas de prestígio e poder.

A atitude consumidora nunca deixa de satisfazer as exigências vitais de alimento e abrigo. Mas mesmo na seleção destes dois últimos elementos intervêm fatores alheios à necessidade de sobrevivência; por exemplo, um casaco de vison ou uma comida sofisticada têm por objetivo acalmar o frio e a fome, mas também servem para assinalar que quem pode pagá-los é membro de uma elite privilegiada ou tenta parecê-lo.

Comprar significa estabelecer um vínculo com um objeto, uma relação recíproca na qual se funda o sentimento de propriedade. A conduta do consumidor surge da conjunção de estímulos externos que encontram sua linguagem por meio dos símbolos publicitários e da constelação de suas necessidades.

Mas entre o estímulo e a compra resta ainda um longo caminho a percorrer: é preciso vencer certas resistências que aparecem no momento da decisão. As restrições ao consumo podem provir de circunstâncias objetivas ou de reservas que nascem no interior do sujeito.

A fé religiosa, a tradição familiar, são imposições que determinam "de dentro" a conduta consumidora. Quem se submete a elas pertence ao tipo de consumidor que os especialistas chamam de "autodirigido" e que se caracteriza por ter assimilado as normas diretivas numa época precoce da vida.

Seus esquemas rígidos geralmente sufocam a tendência ao consumo. Outros consumidores, em contrapartida, submetem-se a diretivas que têm origem em seus contemporâneos, sejam eles aqueles com quem convive diretamente ou aqueles a quem está vinculado através dos meios de comunicação. O consumo tem então o sentido de uma *adaptação*, torna-se uma *forma* de socialização.

Trata-se de escapar de uma solidão por meio da adesão ao grupo. Por intermédio dos objetos adquire-se um rosto, um lugar no mundo.

Futebol e política

O Campeonato Mundial de Futebol, como todo fenômeno coletivo que mobiliza a opinião pública e as reações maciças, possui um conteúdo manifesto e outro latente, passível de ser interpretado.

O simbolismo de que a Copa Jules Rimet estava carregada determinou uma forte expectativa em duas nações européias: Alemanha e Inglaterra, unidas ao longo da história por um complexo vínculo; e em três países latino-americanos: Brasil, Uruguai e Argentina, que estão num mesmo processo de mudança social, que atravessam uma situação de desintegração, imersos na incerteza devido à ruptura dos laços entre homens e instituições e à confusão de papéis de pessoas e estruturas.

Participar do Campeonato significava para o Brasil, o Uruguai e a Argentina, marcados pelo subdesenvolvimento, competir com outras culturas, sair da infância. Ganhar significava integrar o bloco dos países desenvolvidos, adquirir poder e prestígio por meio de uma liderança.

O sentimento de pertença ao país havia sido quebrado pela desintegração, depositando-se então no *time* e na seleção nacional, que foi magicamente considerada o artífice da solução esperada. O ideal político tantas vezes frustrado voltou-se para o desportivo. A ruptura de uma imagem total do país, e a necessidade urgente de uma pertença mais firme e mais próxima desencadearam esse deslocamento.

Os europeus, particularmente os anglo-saxões, impulsionados por sua vez por perdas de poder próprias, atuaram com uma mentalidade colonialista, em que a conspiração e a arbitrariedade são as técnicas habituais. Nós, por nosso lado, movidos pelo ressentimento em face de nossa situação crônica de dependência do dólar e da libra, entramos no jogo. E ter descoberto, já tarde, que sua estratégia nos tinha superado, e não termos podido nos antecipar a ela, desencadeou as violentas reações populares em face do fracasso da *esperteza crioula.*

O imperialismo inglês foi sempre sentido pelos sul-americanos como o mais duro sistema de dominação. O índice de insegurança que esse tipo de frustrações faz reviver provoca atitudes coletivas e movimentos de opinião que removem velhos ressentimentos; como numa briga familiar, reavivam-se todos os rancores do passado. A incerteza, paradoxalmente, incrementa o índice de aspiração e diminui a resistência à frustração. Assim, embora a princípio apoiados em fatos objetivos, acreditássemos na possibilidade de ganhar uma partida, não pudemos suportar ter sido eliminados do torneio.

Mobilizaram-se então medos básicos realimentados pela idéia de que houvera uma conspiração contra nós. Por outro lado, na ordem política, vive-se nesses três países sul-americanos uma deterioração dos regimes liberais, o que aumenta o índice de *etnocentrismo* e *nacionalismo*, que tem seus representantes em grupos e elites de caráter autoritário, identificados com a força e a segurança.

A seleção nacional, inicialmente desintegrada e inoperante como reflexo dos acontecimentos sociais, econômicos e políticos do momento de sua partida, converteu-se de súbito, graças a um líder organizador, num grupo coerente e efetivo. Os argentinos sentiram, assim, que sua imagem interna de país se modificava e que expectativas se abriam.

Com a frustração produziu-se um conflito agudo e um clima de tensão, puseram-se em andamento mecanismos de defesa, como a negação (afirmamos ser os *vencedores* morais do campeonato) e a racionalização.

Sintetizando a situação total do comportamento coletivo que envolveu o desenrolar do Campeonato Mundial de Futebol, visto do lado do espectador, podemos destacar um primeiro fato que foi perfeitamente captado e difundido pelos órgãos de informação de uma maneira poucas vezes vista no que se refere ao assinalamento do desprestígio e da incapacidade da seleção. Este primeiro período, considerando agora a equipe em si e sua atuação prévia ao certame, nada mais fez do que ratificar o prognóstico prévio, prognóstico que pela linguagem empregada e a difusão outorgada – com toda certeza chegou aos receptores a quem estava destinado – reforçou também a hostilidade da imprensa européia e a ajudou a criar a figura de um time desintegrado e impotente.

Num segundo período, o do Campeonato propriamente dito, ocorre o "milagre"; está montado o cenário para o novo Governo. Esta imagem, por sua vez, é incorporada pelos membros da equipe, que se integra, supera o individualismo e se transforma de conglomerado em grupo operativo, onde já não há confusão de papéis; e começa então a emergir um objetivo, a possibilidade de ganhar, que é vivida *como se* tivéssemos obtido a Copa. Este *como se* torna-se mais manifesto na recepção da semana passada. Naquele momento aparece para os recém-chegados um novo ato de magia: um novo presidente que chega a despertar antigas imagens se introduz no jogo.

Futebol e filosofia

Depois de ter examinado os múltiplos impactos com que o Campeonato Mundial de Futebol irrompeu em nosso meio, impõe-se uma análise mais profunda desse fenômeno intimamente vinculado à vida do homem comum, no *aqui e agora* do país.

Poderíamos falar de uma antropologia do futebol, levando em conta sua significação num contexto social determinado, sua história. O futebol é uma estrutura, um universo, com categorias próprias de conhecimento, no qual se tornam presentes a política, a economia, a filosofia, a lógica, a psicologia – particularmente em sua dimensão social –, a ética e a estética.

Tomando o homem e seu meio, vamos estudar essa situação e suas analogias por intermédio de seus papéis individuais e institucionais. O futebol aparece, assim, inserido na ordem econômica, mediante a seleção e formação de jogadores, sua cotização, seus salários, os incentivos, os traços que determinam o comportamento futebolístico.

Essa conduta é motivada, tem chaves subjacentes e por meio dela entram em jogo fatores orgânicos e psíquicos.

No futebol adquire-se uma linguagem, aprende-se um papel, cultiva-se incessantemente a comunicação. Por meio do jogo aparece uma imagem *própria* e do *outro*; o que nos leva a compreender por que a mais moderna das ciências do homem, a psicologia social, nasceu num campo de futebol, fato que mostra a significação social deste esporte. H. G. Mead, ex-jogador de Harvard, vive essa complexa experiência e consegue conceituá-la. No sujeito que joga, por um processo de *internalização*, estão representados os distintos personagens, *como se* existisse um campo interno no qual jogam o time próprio e o contrário, a que chamaremos o "outro generalizado". O centro da personalidade em interação com os outros personagens configura os passos de uma representação parecida com a tragédia grega. E é essa ação que torna possível o *planejamento*.

Esse comportamento mental pode ser dividido em etapas sucessivas e complementares, chamadas de estratégia, tática, técnica e logística. Esses elementos nos vinculam com a estrutura da ação militar e com as técnicas de abordagem do objeto do conhecimento. A estratégia planeja a investigação e traça um objetivo, que em futebol se chama *gol*. Ao se colocar em andamento num campo determinado converte-se em tática, ou seja, manipulação de técnicas adequadas para alcançar o objetivo esboçado previamente. A logística é a avaliação dos recursos próprios e alheios.

Observando uma partida de futebol, é possível obter uma fugaz vivência estética propiciada por um sentimento de harmonia e precisão do jogo que aparece sempre depois de momentos de desorganização e ruptura. O futebol se converte em *balé*. A lendária "máquina" do River Plate foi exemplo dessa plasticidade.

O caráter maciço do público, que age com base em identificações simbólicas como as que pode viver com o país, o *time* e a *camisa*, e outras mais concretas com seus jogadores favoritos, determina as características particulares desse fato social. Das "estrelas" se exige um rendimento superior ao real, e isso provoca frustrações individuais inversas que no contexto geral da conduta coletiva geram a violência.

Essa esfera de símbolos, de monopólios e de competição são um exemplo da teoria da comunicação. Esses símbolos que predominam na linguagem do público e da equipe são o alimento da imaginação e permitem a construção de fantasias que tendem a negar a perda para evitar a queda num estado coletivo de depressão e que satisfazem magicamente desejos, tal como ocorre nos sonhos. Este mecanismo é o que origina o comportamento de massas de aspecto irracional, como aquele que leva a afirmar: "Somos campeões morais."

Para entender a estrutura e a função social do futebol, dividiremos seu contexto global em distintas áreas. A primeira delas está representada pela equipe, que, uma vez tendo alcançado a interação harmônica, se converte de conglomerado em grupo operativo. A fonte do conflito não está aí, mas na escala de personagens que vai desde o presidente do clube até os técnicos. O público constitui a segunda área: a da opinião, com seus líderes e ambivalências, com um vocabulário centrado em temas sexuais e políticos, que aflora com particular violência em momentos de frustração. A *torcida*, que forma grupos de pressão, manipula em seus estribilhos opiniões que pretendem debilitar um adversário temido e perigoso. Como sempre, a provocação, a manobra política se movem na estrutura social que arrasta o maior movimento de massas em nosso país.

O jogador e seu ambiente

O jogador constitui a peça fundamental do futebol em seu ambiente de companheiros e adversários. Para ter uma visão integral de suas funções e estilo é conveniente abordá-lo considerando-se as motivações e atitudes, os papéis e o *status* conseguido. Do conjunto desses elementos surgirá um personagem com uma representação concreta e que além de desempenhar um papel operativo pode chegar a ser idealizado, convertendo-se num mito ou num mago.

A primeira pergunta a ser feita refere-se ao aspecto vocacional, que se origina, como toda ação, numa inter-relação de motivos. Na época atual e em decorrência do profissionalismo, jogar se transformou num ofício rentável que se constitui em termos de realidade e alimenta as fantasias inconscientes que condicionam o jogo. Temos de esclarecer a origem dessa tendência que é característica da criança e que desempenha várias funções, estruturando diferentes atitudes que o eu utilizará no decorrer da vida. Qualquer perturbação dessa atividade de jogo da infância acarretará transtornos graves na aprendizagem. Suas conseqüências serão inibições e insegurança no contexto do trabalho adulto.

Numa situação concreta – uma partida de futebol, por exemplo –, o sujeito que sofreu alterações na esfera do jogo infantil, ao integrar uma equipe, trasladará para esta sua insegurança básica, com transtornos na percepção do espaço e do tempo e com a impossibilidade de assumir adequadamente o papel designado pela instituição. O indivíduo perturbará o grupo em sua totalidade, será um sabotador inconsciente da estratégia geral. A situação extrema que podemos observar, e que muitas vezes precede um gol contra, caracteriza-se pelo fato de o indivíduo realizar passes corretos, mas dirigidos a seus adversários, como se subitamente a pertença a seu clube se convertesse numa pertença à equipe rival.

O jogo não só tem uma motivação que busca o prazer pela descarga, mas é um verdadeiro campo de aprendizagem, um ajuste do sistema de comunicação, um treino para a mudança e o âmbito ideal para o desenvolvimento de três atitudes básicas em todo grupo social: a pertença, a cooperação e a pertinência.

Por meio da seqüência: motivo, motivação, atitude, o jogador satisfaz impulsos sociais característicos da cultura a que pertence. Um deles é o impulso à filiação, uma força vocacional potente enraizada em toda personalidade e que havia sido negada e postergada até o início desse século. Outro aspecto importante da filiação são os grupos de referência que desempenham a função de modelo e controle social. O segundo impulso, o aquisitivo, aparece no jogador com sua nova situação profissional, na qual o dinheiro desempenha um papel importante. O período do amadorismo ficou para trás, período este em que o impulso aquisitivo dirigia-se ao poder, fundamentalmente o prestígio. A acumulação de bens materiais se dá apenas em alguns jogadores, a poupança está longe de ser a regra entre esses profissionais que às vezes chegam a violar regras relativas ao seu corpo com excessos na bebida e na comida e uma vida familiar e sexual caótica.

Outro aspecto que o jogador consegue satisfazer por meio de uma atuação esportiva bem sucedida é o afã de poder. O craque exerce uma espécie de liderança, assegurando para si um grupo à sua volta que muitas vezes o julga e o controla, mas que antes de mais nada o estima.

No futebol vemos como se produz a evolução de um operador normal a um operário mágico. O jogador é o *mago*, capaz de resolver todas as dificuldades em campo, e capaz também de provocar as máximas frustrações. Como o nível de aspiração de cada um de seus torcedores se projeta nele, se fracassar, a violência engendrada pela falha do ídolo se volta contra ele; o erro não é admitido mas atribuído a uma atuação *mal intencionada*.

Quando uma equipe entra em campo, o espectador vê primeiro indivíduos isolados; somente quando o apito marca o início do jogo, esses indivíduos se convertem numa sucessão de movimentos e interações, cruzamentos e entrecruzamentos, que são multiformes mas não caóticos. O observador pode descobrir o time porque cada um desses onze seres isolados se transformou num papel, se restringiu a uma tarefa para configurar um estilo.

A bola

De tudo o que foi dito até agora sobre o futebol ainda falta esclarecer a peça fundamental, o objeto da disputa: a bola.

O significado e a função que ela desempenha no contexto estrutural do espetáculo podem ser encarados a partir de um ponto de vista antropológico, psicossocial e sociológico. Essas disciplinas devem se basear numa análise detalhada do vínculo entre o sujeito e a bola. Esta última adquire um caráter fascinante ligado à perfeição de seu trajeto e à incerteza que sua queda instala, em contraste com a euforia produzida por seu ascenso.

Em última instância, nossos jogos são resíduos da existência não lúdica (ou seja, de não-jogo) que se manifestou numa fase antiga da cultura. No jogo manifestam-se velhas fantasias, mais ou menos latentes, e é por isso que constitui uma descarga. O futebol, por sua estrutura particular e por suas características primitivas, cumpre plenamente essa função.

Esse esporte é também um ritual que congrega espectadores e times numa cerimônia que tem algo de magia e algo de catarse.

Há apenas poucos anos, o futebol passou a ser compreendido em sua estrutura interna e em sua dimensão filosófica. Os pesquisadores que se ocuparam do tema – entre os quais nos incluímos –, partindo de diferentes enfoques, chegaram a configurar uma teoria geral que poderíamos chamar de psicanalítica e estruturalista. Esses estudos atribuem grande importância à bola.

A investigação deslocou-se então do público para o jogador e deste para o objeto da disputa. A trave forma seu enquadramento: é lá que se decide a ação, e cabe ao goleiro deslocar-se com a precisão, a velocidade e a elegância de um primeiro bailarino. No entanto, verifica-se que ele é o personagem mais vulnerável à pressão de certas torcidas, que se encarregam de aumentar sua tensão lançando-o numa incerteza na qual abandona toda estratégia e vai perdendo o domínio do espaço e do tempo. No nosso país, essa tática destrutiva é muito utilizada, levando os arqueiros a um estado de grande insegurança.

De outro ponto de vista, é importante aprofundar a análise dessa fascinação que a bola exerce sobre qualquer sujeito em qualquer idade, particularmente naqueles que jogaram futebol, que sentem compulsivamente a necessidade de intervir em situações fortuitas. O adulto, aos pés de quem chega a bola que crianças estão chutando na rua, sente irresistivelmente a necessidade de devolvê-la. Tem a noção de ter realizado uma tarefa útil e até um obscuro e antigo sentimento de pertença a um clube de sua juventude. Poucas vezes reage com ressentimento em face do incômodo que pode causar a proximidade dessa bola anônima e, se o passe foi bem dirigido, espera de seu público imediato essa aprovação que o enche de prazer, e que, junto com a descarga realizada no chute, consegue uma transformação transitória da imagem de si mesmo e se sente ágil, aparecendo nele fantasias de retomar suas antigas atividades desportivas.

No campo de jogo, a bola é a que configura o espaço onde se desenrola a ação. Ela situa os jogadores, agrupa-os e os dispersa, é o motivo dessa estratégia que tem como objetivo enfiá-la dentro do arco contrário. A bola se converte em algo simultaneamente desejado e temido, cuja posse é um privilégio e a perda um fracasso imperdoável. Se o futebol é uma forma de comunicação, a bola é o conteúdo da mensagem. É também o líder que mobiliza vinte e dois jogadores sobre um campo e atrai durante mais de uma hora os olhares e os pensamentos de milhares de espectadores.

Não é casual a liderança da bola. Sua forma esférica a vincula a um dos mais antigos símbolos com que a humanidade lida por intermédio de filósofos como Parmênides ou poetas como Rilke. A esfera constitui a forma perfeita, a consciência do um e do todo, é a imagem do infinito.

Desde os tempos mais remotos, os homens jogam com formas esféricas jogos brutais, primitivos, como se quisessem se familiarizar com esse objeto quase sagrado nessas misteriosas sínteses entre a guerra e a festa.

A noite, uma comunidade

Durante a noite, a cidade se converte num cenário povoado de personagens unidos por um código e uma linguagem únicos, como verdadeiros membros de uma comunidade que tem algo de sociedade secreta. É apenas por intermédio dos habitantes dessa hora, do contexto em que atuam, das forças que os movem e as que eles mesmos geram, que poderemos chegar ao esboço de uma psicossociologia da noite. O tema se manteve – salvo para os poetas – como um tabu inviolável, talvez pela inquietação que seu conteúdo terrível e sexual despertou desde sempre em pesquisadores e censores.

A noite implica um comportamento diferente do que o praticado no transcurso do dia. A tensão vital baixa, as defesas e os mecanismos de autocensura se debilitam, amparados por um âmbito social que se torna permissivo, indulgente.

A mudança se dá em três níveis: biológico, psicológico e cultural. Tomando como modelo um exemplo orgânico, será mais fácil a compreensão de aspectos psicológicos e sociais do acontecer noturno. O sono é cúmplice de uma dramatização fugaz, mais brilhante que a realidade: o sonho. Da mesma maneira, a escuridão da noite origina essa outra forma de vida, que desliza num clima onírico que exalta as fantasias e no qual é possível toda metamorfose e troca de papéis. Em suma, essa conduta noturna participa de muitas das características do sonho. Assim como no sonhar algumas pessoas substituem outra e os desejos reprimidos se satisfazem simbolicamente, na noite a mulher que se perdeu pode ser substituída por outra, e um erotismo que não encontra oportunidade de se concretizar se desloca para o baile.

A alternância entre o dia e a noite determina a alternância de condutas, condiciona o aparecimento de aspectos bem diferenciados do *eu*, quase uma dupla vida que nos faz recordar um caso arquetípico e extremo: *a madona das sete luas*. Durante o dia, o homem tem suas horas planejadas pelo trabalho, está sujeito a uma ética de produtividade, ao passo que a noite lhe abre a possibilidade do lazer.

Este vazio é que faz surgir um personagem: o noctívago. É ele quem mais sente a angustiante solidão noturna, inevitavelmente aparentada ao medo da morte. Busca então uma companhia que lhe permita superar essa fobia da noite. Sua insegurança o leva a se agrupar, a constituir uma "patota" que compartilha de uma mesma ideologia. As amizades da noite têm características particulares de lealdade e grau de comunicação.

O noctívago é um claustrofóbico, sente-se sufocando entre as quatro paredes de sua casa. Foge, então, mas a substitui por um lugar determinado – o café, por exemplo – no qual "faz ponto" habitualmente.

O mundo noturno tem sua própria moral, sua própria escala de valores. Por ser a hora da solidão, é também a de uma busca desesperada de comunicação. O noctívago sai de sua casa com a fantasia de um encontro, ou de um reencontro; geralmente só consegue uma aventura na qual, embora pareça paradoxal, o sexual não é o mais importante: o necessário é o contato.

Em face dessa conduta do indivíduo, a sociedade responde proporcionando-lhe uma estrutura que lhe permita institucionalizar sua evasão. Um autêntico mercado de diversões no qual o noctívago age como consumidor e no qual os véus mais sutis ou as formas mais vulgares envolvem o mesmo produto: o sexo.

Quando uma cidade cresce, o ritmo da vida noturna e o sexo se transformam em produtos de consumo. O fato revela uma crise social na qual a satisfação de necessidades se torna inadiável. Tudo se reveste de um caráter urgente, já que não há pretextos de longo alcance: só importa o *aqui e agora*. Essa vida compulsiva de diversões está ligada a uma economia de desperdício porque o dinheiro não tem valor estável. Aparecem lugares hierarquizados, *exclusivos*, nos quais o consumidor reúne, ao lado do prazer da diversão, uma satisfação para sua necessidade de prestígio. A ânsia por identificar-se com as elites de poder e dinheiro desencadeia uma submissão às leis da moda que regem tanto o vestuário quanto os lugares de reunião. Nesse mundo noturno vive-se numa permanente situação de impostura, já que a noite permite a escamoteação e o disfarce.

Mas a sociedade não age apenas como cúmplice: é também censura e controle. A institucionalização, o caráter público que se dá aos lugares de diversão facilita o controle. Uma boate, um bar e até um denso circuito de ruas escuras, por estarem sujeitos a um certo tipo de regulamentação, parecem menos pecaminosos. Essa vigilância social diminui o sentimento de culpa daqueles que freqüentam a noite e tranqüiliza as consciências das autoridades que exercem a função moralizadora.

Censor e censurado

O homem vive numa trama de tempo e espaço em que a alternância entre o dia e a noite determina duas condutas distintas, as quais chamamos de comportamento diurno e noturno.

A escuridão e o silêncio modificam as relações do sujeito com a realidade externa, uma vez que tornam diferentes sua manipulação e sua visão dos objetos. A noite desencadeia as fantasias relacionadas com o sexo, o poder e a morte: é, por isso, a hora do delito e da conspiração.

Debilitados os mecanismos internos de censura, irrompe com violência o impulso e com ele a restrição. O impulso parte da esfera do indivíduo; a censura é a resposta, o controle que a sociedade exerce para se salvaguardar.

Antes de aprofundar as motivações do censor e do censurado, devemos analisar a estrutura e as formas do controle social. Este funciona por meio de instituições, códigos, leis, mediante os quais busca conformar a conduta dos membros de uma comunidade às necessidades e expectativas desta. Utiliza então a coação e a persuasão: a primeira é exercida pela simples presença da força e se volta para as condutas que violam as leis e para aquelas que chamamos delitos. A persuasão, em contrapartida, age por trás de organismos que induzem o indivíduo a proceder de acordo com os desejos do grupo social a que pertence; a opinião pública e "o que os outros dirão" são os principais instrumentos deste controle.

A maioria das instituições a que o homem pertence, sejam elas políticas, educativas, religiosas, econômicas ou domésticas, são instrumentos destinados a regular e uniformizar a conduta individual e coletiva, porque essa uniformidade conduz à ordem social e à conservação do grupo. Somente através do controle e do comportamento de seus membros a sociedade pode subsistir como tal.

Cabe perguntar, então, por que é justamente essa conduta que tem por cenário a noite a que maior inquietação provoca nos organismos que exercem funções censoras. A resposta nos leva ao campo do pensamento mágico e ao mecanismo inconsciente da atribuição. A noite sempre se revestiu de um prestígio de culpa que nasce da confusão entre a atividade noturna e o sono, no qual os impulsos jogam com uma liberdade que lhes foi negada durante o dia. Paradoxalmente, a libertinagem imaginária dos que vão dormir cedo torna suspeita a vigília dos noctívagos.

Mas a censura não age exclusivamente sobre uma base tão arbitrária; objetivamente, por um fenômeno de perda de identidade, crescem com a noite os impulsos anti-sociais e as fantasias implícitas tendem a se converter em comportamentos explícitos. A sociedade organiza sua vigilância por meio de instrumentos: talvez o mais importante deles seja o censor. Este coloca em seu próximo aquilo que ele mesmo censura dentro de si, atribui-lhe desejos e fantasias próprios, que considera reprováveis, e dos quais não suporta ser o dono. Ao vê-los em outro e reprimi-los, liberta-se deles.

O censurado, por sua vez, que sente culpa ao ver como crescem dentro de si fantasias de violência, de crime, de conspiração contra o poder, coloca no censor o controle que está motivando essa culpa, e ao se sentir perseguido por outro sente-se a salvo de um conflito interno. Censor e censurado formam um par, e a necessidade recíproca que têm um do outro funda-se num terror comum: o medo do caos.

O poder dos mecanismos de controle social deve ser dosado para impedir uma paralisação, mas, ao mesmo tempo, esses mecanismos devem ser suficientemente fortes para proteger o indivíduo da carga de incerteza que constantemente arrasta consigo, garantindo a ordem e assegurando-lhe um lugar nessa ordem.

O equilíbrio pode se romper por uma atitude excessivamente provocativa por parte dos membros da comunidade noturna ou pela excessiva suscetibilidade dos órgãos de controle. Produz-se, então, o confronto.

Quando o controle se equivoca de procedimento, incrementa-se o ódio e desencadeiam-se situações de violência, que têm forma de eclosão, de desafio gratuito à autoridade, levadas a cabo geralmente por grupos que canalizam a hostilidade, despertada por essa vigilância excessiva, em disputas de rua ou ataques a vítimas inocentes que se comportam como bodes expiatórios.

Às vezes, essa hostilidade é planejada, volta-se contra a hierarquia do poder, adquire uma ideologia e se converte em conspiração.

Noite e criação

Falamos da noite como de um âmbito habitado por dois personagens, que se agigantam ou enfraquecem mutuamente numa luta sem quartel. Por um lado apareceu o transbordamento da fantasia e, por outro, a implacável censura.

Somente dentro dessa inter-relação que marca o ritmo da comunidade noturna, essa alternância entre o controle e a distensão, poderemos compreender e analisar o aspecto mais misterioso e positivo da noite: a criação.

Com a escuridão emerge a imaginação trazendo soluções para dificuldades surgidas durante o dia. Devido ao adormecimento dos mecanismos de controle diminui a ansiedade, e a parte mais operativa do eu se desdobra para planejar uma abordagem eficaz do sempre escorregadio objeto do conhecimento, estético ou científico.

Aproximar-se de um objeto novo, dessa "coisa" que se cria, significa, lá nos obscuros domínios do inconsciente, romper um tabu, satisfazer primitivas fantasias de penetração, explorar um objeto desejado sem temer a interferência de terceiros. É esse remotíssimo conteúdo sexual (incestuoso, inclusive), a descoberta, que necessita da cumplicidade da noite para se realizar.

É a escuridão e o silêncio dessa hora o que permite, com a diminuição da censura interna, que aflorem fantasias criativas, da mesma maneira que afloram os "sonhos maus". Porque, seja como for, a criação, particularmente a estética, é sempre uma quebra da ordem estabelecida, do senso comum e da opinião pública.

Com a criação enfrentam-se na noite dois antagonistas: o novo (o revolucionário) e o medo que condiciona a resistência à mudança. É quando se desencadeia a ansiedade.

O poeta, o pintor, o músico e o pesquisador preferem a noite, não por algum preconceito romântico, mas porque esses personagens que vivem dos impulsos de sua imaginação recebem durante as horas da escuridão um alimento para suas fantasias.

A noite do criador parece-se com o sonho de qualquer mortal, em que o material de vivências que subjaz em sua consciência toma contato com a fantasia criadora e dá aos objetos um ritmo, uma imagem, uma vida que até aquele momento não possuíam. Essa matéria é manipulada com toda a clareza de uma vigília lúcida, na qual se utilizam todos os conhecimentos previamente adquiridos. Essas fantasias, esses desejos, que não estão inibidos pelo sono, que podem ser conceituados, que não se perdem num delírio de imagens oníricas, nem atuam como no caso do noctívago, convertem-se, no caso do artista ou do pesquisador, numa obra.

Assim, a noite torna-se o cenário de forças antagônicas que se rendem numa síntese final. Os personagens são a censura, a resistência à mudança, o medo da morte e a constelação de percepções – conscientes e subliminares – da realidade, que emergem simultaneamente. Nesse momento, o eu adquire uma distensão, uma permissividade que dá lugar ao encontro criativo.

A ética do lazer, oposta à da produtividade regrada, que predomina durante a noite, aumenta as possibilidades criativas. A gratuidade, a carência de obrigações que marcam essas horas tornam-se, paradoxalmente, um incentivo para a descoberta. Soma-se a isso que, quando o indivíduo está lúcido nessas horas, manipula a trama do espaço e do tempo com maior habilidade do que durante o dia, tem uma percepção distinta e mais clara de sua própria imagem, disso que chamamos esquema corporal. O corpo, ao não estar submetido às rígidas exigências da conduta diurna, se relaxa, torna-se mais flexível. Essas formas de criação corporal, como a dança e o sexo, são, portanto, possibilitadas pela noite.

Referimo-nos à criação artística ou científica, sem ter vinculado a noite e a política a não ser por intermédio da conspiração. Isto não é casual, já que a conspiração é um modelo natural de comportamento que extrai sua pauta do sonho. Nela se organizam determinadas forças que têm por objetivo uma mudança e uma manipulação diferente do destino da comunidade em que surgem. A substituição dos papéis da conduta diurna, com suas lideranças, agentes e intermediários, são as metas da conspiração.

Ainda resta, contudo, uma pergunta sem resposta. Por que existem pessoas que escolhem a noite e outras que escolhem o dia, por que existem duas comunidades?

Essa sociologia da noite esboça uma resposta: os habitantes da escuridão preferem, numa vigília de armas, eludir os medos e os fantasmas que surgirão no sonho. É o caso, por exemplo, daqueles que, após atravessarem uma circunstância dramática ou desagradável, temem dormir, já que no sonho a situação de angústia poderia retornar. É precisamente nessa luta com a morte, da qual o sonho é um símbolo, que nascem a arte e a metafísica.

Aqueles que, em contrapartida, deixam-se cair num sono profundo, sem sonhos, eludem por meio deste mecanismo o perigo de uma vigília carregada de ansiedades e temores.

A violência

Nos últimos tempos, os jornais, ao se referirem aos acontecimentos de ordem internacional e nacional, registraram surtos de violência cuja intensidade e reiteração só podem ser explicadas por meio de uma análise minuciosa.

Em todo o mundo, o homem vive uma frustração das suas possibilidades de realização. Disto surgem tremendas tensões carregadas de hostilidade e que contam com um denominador comum: a agressão. Esse medo é hoje uma doença universal, e contra ele surge um mecanismo de defesa: a violência.

Essa tensão explode em focos dispersos, parciais, em atitudes grupais ou isoladas, mas que sempre refletem a situação de uma comunidade. Um homem, como há pouco ocorreu no Texas, que sobe numa torre e assassina a tiros dezenas de pessoas, não é um fato casual, mas alguém que, nesse momento, age como porta-voz de todo um grupo. A explosão isolada que essa violência representa não é outra coisa do que uma maneira de postergar ou de se defender da eclosão universal, que significaria hoje a destruição da humanidade.

A violência pode ser definida como uma reação coletiva provocada pela acumulação de frustrações de indivíduos que, num momento dado, por se identificarem num mesmo conflito adquirem uma *pertença*. A agressão, embora se manifeste caoticamente, vem precedida sempre de uma etapa de planejamento e tende a destruir aquilo que representa a fonte de frustração ou de medo, quer seja um objeto concreto ou um símbolo desse objeto. A violência aponta sempre numa direção.

Por baixo dessa estrutura de agressão, que de um modo ou outro se torna coletiva, encontramos uma pauta já incorporada a nossa cultura e alimentada por dois fatores várias vezes assinalados nestes artigos: a insegurança e a incerteza.

Fenomenologicamente, o ato de violência é precedido de um período de escuridão (por isso se fala de *violência cega*), como se se esperasse o enfraquecimento da censura para que se produza o impulso incoercível da agressão. Estudando minuciosamente o fenômeno da eclosão, observa-se, junto com o período prévio de planejamento, uma percepção do lugar ou do símbolo do qual provém o mal-estar e ao qual se dirigirá o ataque. Para analisar a eclosão de violência devemos estudar suas causas, seus personagens, o campo em que se desenrola, os objetivos para os quais aponta.

Dificilmente um ato de violência se equivoca em sua direção, tocando sempre os valores que o grupo agressor quer substituir.

Quanto às causas, a principal é a já mencionada frustração, proveniente e continuamente fomentada pelo caráter competitivo de nossa sociedade, pelo caráter inacessível das fontes de gratificação, pelo incessante aumento do custo de vida, com o conseqüente aumento da incerteza e do medo do desemprego, juntando-se a isso a impossibilidade de planejar um futuro.

As diferenças de classe, as tensões raciais e as perturbações na comunicação entre classes sociais, pessoas e instituições, essa situação de desencontro que alguém denominou "diálogo de surdos", vêm agravar a situação.

Estas diferenças, causa de tensões, traduziram-se, no plano internacional, em termos de desenvolvimento e subdesenvolvimento, e o caráter monopolista, colonialista e imperialista das grandes potências agrava a inveja e a rivalidade num mundo dividido entre pobres e ricos, originando-se outra vez essa frustração que conduz à violência.

Os protagonistas desse golpe de violência são, por um lado, os que alimentam situações de tensão, configurando instituições, atitudes e preconceitos que provocam a frustração. Por outro lado, enfrentam-se com eles as vítimas de uma constante desilusão.

Uma das saídas dessa situação de confronto é a escolha de pessoas ou grupos minoritários para os quais se desloca a agressão. Mais uma vez, a eclosão parcial permite uma *drenagem* de agressividade e procura salvar a sociedade da destruição total.

Num determinado momento, pouco importa quem seja objeto do ódio; é por isso que Harman Bahr, 50 anos antes do nazismo, escreveu: "Se não existissem judeus, os anti-semitas teriam de inventá-los." O mesmo poderia ser dito no que se refere aos negros, aos adolescentes, ou seja, todas as minorias com características diferenciadas que, num certo momento, desempenham o papel de *bode expiatório.*

Esses grupos que representam o papel de vítimas são minorias a quem cabe a tarefa de agentes de mudança social, despertando os medos universais: o medo da perda e o medo do ataque, reforçando dessa maneira os fatores desencadeantes da agressão.

A gangue

A gangue é uma organização que aponta para um objetivo: resolver essa situação de insegurança, de falta de identidade e pertença que já se converteu num universo de nossa cultura.

Um grupo de adolescentes inseguros forma um conjunto de caráter operacional que, por meio de um jogo de papéis assumidos e atribuídos, e depois de escolher um líder, planeja tarefas que ganham características de uma conduta desviada. A hostilidade e a força que a gangue pode adquirir por intermédio de sua ação anti-social cresce em progressão geométrica e chega a uma periculosidade impossível de calcular num estudo individual de seus membros.

Para conhecer a estrutura da gangue é necessária uma pesquisa do ambiente em que se desenvolve. Em geral, o raio de ação da gangue é mais ou menos estável porque assim fica mais fácil construir uma estratégia e mobilizar-se com um mínimo de risco. O líder ou chefe é sempre um personagem que adquiriu um certo prestígio no bairro, fundado em seus antecedentes delituosos, sua capacidade para a violência e sua potência sexual. Instala-se num lugar – um bar, uma esquina – e ali faz sua autopromoção apoiado em sua fama de bravo ou duro.

O prestígio está sempre ligado ao fato de ter vencido um rival de mais idade. A aura que envolve o líder é a de seu êxito com as mulheres, a destreza no jogo e a valentia na ação violenta. A isso se somam, às vezes, alguns ingredientes de tradição familiar. A gangue apresenta as características de um comando de guerra no qual os membros são severamente selecionados por meio de provas sucessivas que têm muito em comum com os rituais de iniciação. O *status* conseguido por cada membro mediante estas provas tende a se definir rapidamente dentro do grupo. A tarefa em comum a ser realizada requer uma divisão do trabalho, e assim surgem no bando os diversos papéis.

Para alcançar êxito nos objetivos propostos, que geralmente consistem em lutas contra outras gangues, contra a polícia ou a agressão à comunidade em geral, é necessária uma liderança e uma disciplina. Como todo grupo de caráter operativo, a gangue tem um desenvolvimento, uma história pela qual seus membros vão realizando uma aprendizagem cada vez mais completa, aperfeiçoando a rede de comunicações internas e diferenciando cada vez mais os papéis.

Seus integrantes nunca são muitos, porque a gangue é um núcleo no qual as relações se dão cara a cara; isto provoca uma proximidade psicológica cuja conseqüência é que cada um dos membros *internaliza* os outros, ou seja, que convive com eles num constante diálogo interior colocando-os dentro de si. Assim facilita-se a elaboração de uma estratégia, uma tática, uma técnica e uma logística adequadas para a ação.

Em toda gangue pode-se descrever alguns papéis característicos, como o cérebro ou líder, o bufão, o maricas, o prepotente (Tasher). O líder natural cumpre uma função de guia, vai ali aonde os outros temem ir: assim transmite segurança a seus adeptos e seus traços mais marcantes são a temeridade, a força física, a rapidez e a decisão que faz com que toda ação grupal ganhe as características de uma operação relâmpago. Tem imaginação e, por isso, pode planejar estratégias imediatas ou mediatas.

Segundo os pesquisadores norte-americanos, essa liderança pode se fragmentar e distribuir entre os vários membros da gangue, mas nossos estudos deste tipo de grupo nos levam a afirmar que se trata de lideranças suplementares, previamente estratificadas. Os papéis, além de serem complementares, são suplementares, e estão coordenados para que num momento dado da ação qualquer membro da gangue possa assumir a função de outro. Assim, a estrutura da gangue acaba por se identificar totalmente com a do comando.

Esses grupos estão centrados na realização de uma tarefa, que quase sempre é um ato anti-social claramente planejado e que vai desde a extorsão até o roubo, a violência gratuita, a intimidação, o ataque encomendado por terceiros, chegando, por último, ao assassinato.

A resolução da solidão e do medo, conseguida por meio dessa ação violenta, dá uma coesão indestrutível a esse grupo de adolescentes depressivos, inseguros e incapazes de elaborar um projeto para suas vidas. Uma vez constituída a organização, pode-se observar mudanças de atitude nos membros, que se tornam prepotentes e desafiadores. Sentem ter costas quentes e vivem uma militância da qual não podem desertar e sobre a qual depositaram todas as suas aspirações. Para eles, nada melhor poderia ter acontecido: superar a depressão e sua impotência instrumental.

A descoberta do outro

Na complexa engrenagem da vida em sociedade, dois sentimentos espontâneos, quase incontroláveis – atração e repulsão –, marcam o ritmo das relações humanas. Cada enfrentamento, cada encontro com outro desperta em nós uma atitude que se manifesta corporalmente por meio de um impulso de aproximação, uma necessidade de se confundir com esse outro, ou uma tomada de distância motivada por uma sensação interna de repulsa.

Todos vivemos, a cada momento, em face da realidade, esse jogo que rege nosso contato com os demais. Falamos de *simpatia ou antipatia*, experimentadas no nível instintivo. Suas causas ocultas, seu sentido profundo, só aparecem à luz da psicologia social quando esta investiga a estrutura do encontro.

O ser humano, a partir de suas primeiras experiências concretas, constrói uma escala de valores, um código que será utilizado constantemente na sua tentativa de evadir a solidão e reconstruir seu vínculo com o mundo. Nasce assim um padrão de conduta, que sempre age como modelo, condicionando todas as reações do indivíduo em face de seu próximo.

Ao falar de reações, incluímos diversos modos de comportamento, como a oposição e a luta, o ver, tocar e até penetrar o outro, compartilhar e amar, comunicar-se numa linguagem pré-verbal, na qual o beijo e o abraço são o símbolo da fusão do eu e do tu.

Essa atitude primária, esse impulso para se fundir no outro, que se dá com distinta intensidade nas diferentes formas de relação, oculta sempre uma dualidade de amor e ódio, e indica que duas pessoas se encontram para viverem e experimentarem uma a outra, para retificar ou ratificar que esse encontro é um *reencontro*, ou seja, a descoberta de uma imagem ideal, que funciona em nosso interior desde a infância e com a qual nos mantemos em diálogo permanente.

Tal reencontro alcança sua dimensão mais intensa no encontro amoroso; por isso pode ocorrer a flechada, ou *coup de foudre*.

Esse reencontro é uma experiência total, que permite descobrir na realidade as imagens que até então eram manipuladas na fantasia.

A conseqüência lógica e imediata de toda situação de encontro é o projeto de compartilhar uma determinada tarefa, o que tende a reassegurar a permanência do vínculo. Assim, dois amigos projetam um trabalho ou uma viagem em comum e um casal elabora o projeto de casar, viver junto e constituir uma família.

Essa articulação, essa conexão de um indivíduo com outro, que nasce da atração, permite lançar sobre ele suas aspirações, pois o outro é visto como a pessoa capacitada para realizá-las. Todo encontro é, portanto, dotado de um sentimento emocional e, ao mesmo tempo, instrumental.

No encontro produz-se um clima na comunicação entre duas pessoas, que nesse momento compartilham um mesmo cenário de espaço e tempo. Ambos deparam com todas as suas forças e debilidades, e é então que se produz uma inversão de papéis, que não dura mais do que um segundo e da qual seus protagonistas não são conscientes. Esse colocar-se "no lugar do outro" tem por meta explorar sua estrutura interna.

Se esse reconhecimento obtiver um resultado positivo, se coincidir com a imagem esperada, surge o projeto compartilhado. Aparece então o aspecto criativo da relação, criatividade que pode se dar em todos os níveis da atividade do homem.

Se essa penetração no outro para reconhecê-lo tiver um resultado negativo, produz-se o desencontro, indicado pela rejeição.

O mal-entendido, em contrapartida, nasce quando, depois do encontro, um dos protagonistas se nega a assumi-lo. Essa situação foi magistralmente descrita em *Le malentendu*, de Camus, onde a mãe se nega a reconhecer seu filho no viajante que chega à pousada. Apesar de saber de maneira obscura de quem se trata, seu ressentimento contra ele a impede de tomar consciência e ela o mata.

Mas o desencontro não consiste apenas em não encontrar no outro a imagem esperada, mas fundamentalmente em deparar com uma figura semelhante àquela que na nossa história pessoal desempenhou o papel de perseguidor ou agente de frustração. Esse encontro inesperado com uma imagem odiada ou temida provoca a vivência do sinistro.

Em todo vínculo não há apenas um eu e um tu. Um terceiro personagem, eterno "convidado de pedra", está presente em toda relação humana. Por isso dizemos que o vínculo é sempre bicorporal – dois atores – e tripessoal – uma presença que pode ser positiva ou negativa.

Essa interpretação das relações humanas em termos de encontro e reencontro não foi elaborada apenas pela psicologia. Os surrealistas, em particular o recentemente falecido André Breton, investigaram por meio de seu método de automatismo mental, introduzindo-se nas zonas mais obscuras da mente humana, de onde extraíram seus objetos estéticos, o que tinha por finalidade conseguir o reencontro com o objeto perdido que todo homem busca ao longo de sua vida e em cada ser com que depara.

Filiação e pertença

Os grupos, as organizações, as distintas formas da sociedade humana nascem de uma necessidade universal que leva os homens a se associarem.

A importância para o ser humano de se auto-sustentar por seus próprios meios durante um longo tempo de sua existência condiciona essa pauta que marcará todas as suas atitudes de criança e de adulto. O primeiro vínculo, estabelecido com sua mãe, serve como modelo de relação positiva com o mundo, já que por meio dela são satisfeitas as necessidades vitais.

Toda a trajetória posterior do homem se voltará para a busca de outros vínculos positivos que reiterem esse modelo inicial. Perdida a aliança com a mãe, começa o processo de socialização, a busca de seres semelhantes, que lhe permitirão, ao integrá-los ao seu grupo, recuperar a segurança.

Como pano de fundo desse impulso para a *filiação* aparecem dois medos básicos que motivam a conduta humana: o temor da perda e do ataque, que só podem ser resolvidos em sociedade com outros seres humanos. Surge assim o comportamento social, essa inter-relação de encontros e reencontros, essa infinita trama de relações interpessoais na qual todos nós estamos comprometidos. Começa a se esclarecer, deste modo, essa necessidade de "estar em companhia", esse sentimento que já experimentamos muitas vezes em nossa vida e que se converteu no objeto de pesquisa dos psicólogos sociais.

Nessa rede de filiações a grupos que nós, seres humanos, inevitavelmente realizamos, podemos distinguir algumas que têm por meta um objeto determinado: a associação é aqui "direcional". Nesta categoria entra a filiação a um sindicato para conseguir trabalho, ou fazer-se sócio de um clube de golfe, porque isso dá um certo brilho e permite fazer bons contatos.

Por meio do *prestígio* e da *segurança* que os grupos proporcionam a seus membros, o sujeito adquire um sentimento de auto-estima, que é retransmitido como "boa imagem" para aqueles que entram em contato com ele. Em conseqüência deste tipo de filiação direcional, aparecem nele novas pautas de conduta, como o afã de poder, a avidez de conhecimentos, os impulsos solidários dirigidos ao próximo.

A articulação de um indivíduo num grupo se dá através de um complexo mecanismo que se apóia fundamentalmente na comunicação. Todo um código, um verdadeiro sistema de sinais, do qual a linguagem verbal seria apenas um elemento, permite ao indivíduo expressar seu desejo de se incorporar a uma determinada sociedade, ser avaliado por seus membros e receber o veredicto que o aceita ou rejeita. De maneira tácita repete-se, em cada ato de filiação social, o complicado *ritual de iniciação* que é próprio das sociedades secretas.

Mas a filiação constitui apenas o primeiro passo rumo à integração num grupo. O impulso inicial é logo substituído pelo *sentimento de pertença* que nasce da adoção das atitudes e normas que regem a vida dessa comunidade: como um bilhete de ingresso, garante a incorporação definitiva.

A entrada num novo grupo, seja este uma família, uma empresa ou um clube, significa sempre uma mudança, uma modificação de comportamento e, portanto, é uma das experiências mais enriquecedoras que o homem pode viver.

As características da pertença não são idênticas em todos os membros de um mesmo grupo. Diferenciam-se quanto à intensidade, que depende do grau de aceitação real, por parte do novo filiado, das normas do grupo. A inter-relação entre grupo e indivíduo está regida por três pautas: o *status* do sujeito dentro da sociedade à qual se integra; a valorização que faz de sua *pertença* e o grau de *autenticidade* na filiação, percebido pelos outros integrantes do grupo.

A força desse sentimento de pertença mantém uma relação direta com o montante de dificuldades que teve de vencer para conseguir sua incorporação. O grupo não satisfaz somente a necessidade de pertença da maioria de seus membros, colocando-os a salvo da insegurança, mas desperta, em alguns deles, um impulso orientando para a *liderança*. O fato de pertencer a um grupo determina uma mudança de desejos e aspirações, proporciona novas experiências. A sobrevivência do grupo converte-se no objetivo primordial de seus membros, e esta necessidade é depositada nos chefes ou cabeças do núcleo.

Em nossa complexa cultura, todo indivíduo pertence a vários grupos diferentes, nos quais aprende condutas adequadas ao papel que desempenha. No transcurso do dia, um homem pode ter o papel de marido, pai, amante clandestino, executivo de uma empresa e membro de um clube. Apesar da multiplicidade de funções ou de papéis, não são muito freqüentes os conflitos entre os papéis assumidos. Isto se deve ao caráter sucessivo e não simultâneo dos membros, já que o sujeito dispõe de chaves situacionais que lhe permitem diferenciar um do outro.

Quando as funções são simultâneas e incompatíveis, aparecem o conflito e a neurose.

A escolha de parceiro

Uma antiga lenda nórdica descrevia o homem e a mulher como seres separados por um mar terrível, um abismo no qual naufragava todo aquele que se aventurasse a cruzá-lo. No entanto, outros mitos, nascidos no oriente e no ocidente, falam de um personagem fabuloso, o andrógino – macho e fêmea simultaneamente –, que é um verdadeiro símbolo da unidade do universo.

Ambas as idéias, a da oposição e a da coincidência dos sexos, respondem, apesar de sua contradição, a uma trama de fatos reais nos quais o casal humano funda seu vínculo.

A biologia mostrou que tanto o homem como a mulher encerram dentro de si elementos dos dois sexos. Nesse fenômeno de bissexualidade, inevitável para todo ser humano, a perfeita filiação ao sexo próprio depende da proporção em que se distribuam esses elementos.

Assim, um homem normal conta com três quartos de partes de caracteres masculinos, ao passo que o resto de sua personalidade se configurou com base em traços femininos. Quando esse equilíbrio se rompe, aparecem o desvio e a neurose.

Cada sexo parece buscar no outro uma parte de si mesmo, perdida num passado remoto. Quando se produz o encontro, o homem e a mulher adquirem sua verdadeira identidade.

As vicissitudes do vínculo que une os membros de um casal estão diretamente ligadas a essa capacidade de depositar no outro todos os elementos do sexo oposto que constituem cada um deles. É um duplo movimento, um dar e receber que consiste em se projetar e se abrir para a projeção do companheiro, permitindo o ajuste perfeito, o *clique* que sela uma relação sem travas.

Assim, por exemplo, a mulher chega a sê-lo plenamente no momento em que coloca no homem que ama tudo o que ela tem de masculino, assumindo ao mesmo tempo a parte feminina que ele deposita nela. Toda anomalia no comportamento sexual pode ser compreendida à luz dessa inter-relação de funções ou papéis, permanentemente atribuídos e assumidos.

Procurar um parceiro representa para cada um lançar-se ao encontro daquele que possa lhe devolver uma imagem perdida, convertendo-o, por sua vez, em depositário de partes de seu eu.

Resta a questão sobre quais os critérios que regem a escolha do objeto amoroso. A atração dos contrários parece ser o fundamento da união do homem e da mulher, mas isto só tem vigência no plano do sexo e nos traços de caráter mais intimamente ligados a ele. Em outros níveis é a afinidade, a coincidência, que determina o ajuste perfeito. Esse critério de semelhança vale tanto no plano físico quanto no psicológico. O homem deseja uma mulher que pertença a seu mesmo *status* social, que compartilhe tudo aquilo que constitui um estilo de vida, ou seja, interesses comuns, uma maneira idêntica de avaliar pessoas e coisas. Os caracteres opostos podem produzir uma fascinação mútua, mas só por pouco tempo, já que seu contraste os impede de compartilhar um mundo, ou simplesmente de conviver. No entanto, quando duas pessoas marcadas por profundas diferenças de caráter se unem, constituem casais sadomasoquistas, alternando-se nos papéis de vítima e carrasco. Apesar da infelicidade de suas relações, estão ligadas por um vínculo quase impossível de romper.

As figuras parentais, assimiladas no período decisivo da infância, convertem-se em modelos – positivos ou negativos – da escolha de parceiro.

A imagem que uma criança tem da conduta de seus pais determinará nela uma série de pautas de conduta que aflorarão particularmente no momento de buscar um companheiro.

O nível de aspiração, a forma de encarar conflitos e a rigidez ou lentidão diante de problemas que exigem tomadas de decisão estão intimamente ligados a esses modelos parentais, agindo em relação a eles por analogia ou por contraste.

As fantasias de uma criança em face de sua família (o que Freud chamou de "romance familiar") mantêm-se no momento da escolha, originando condutas e atitudes aparentemente inexplicáveis. A necessidade de afinidade ou semelhança com a pessoa escolhida responde a exigências de comunicação. Esta se realiza por meio de um código ou linguagem que deve ser comum. A mensagem é transmitida por um dos dois por palavras, gestos ou atitudes. O outro deve estar capacitado para decifrar as chaves ocultas.

Daí decorre a importância de que os membros de um casal pertençam a um mesmo meio social, com pautas comuns, com sentimentos parecidos, porque cada palavra varia de significado de acordo com o contexto social em que foi pronunciada.

Quando, depois de atravessar as várias vicissitudes da busca, um homem e uma mulher se atrevem a cruzar o abismo que separa os sexos, para se darem integralmente um ao outro, quando encontraram a linguagem comum para o desejo e a ternura, podem se fundir definitivamente nessa unidade que é a síntese do universo: o casal humano.

Psicologia e cibernética

Numa época marcada pelo caos, pela multiplicação maciça e indiscriminada de meios de produção e pela desintegração das velhas estruturas sociais, a cibernética aparece como a mais audaz tentativa do homem no sentido de reordenar o mundo.

A explosão técnica que o aparecimento das primeiras máquinas representou, bem como sua aplicação às áreas de trabalho, fez surgir a necessidade de sincronizar esses novos mecanismos sob um sistema de direção que respondesse, direta ou indiretamente, à vontade e à inteligência humanas. A cibernética transformou-se assim num instrumento de controle sobre uma realidade anônima que havia chegado a ser ameaçadora.

A história do desenvolvimento tecnológico mostra que o homem sempre procurou simplificar sua tarefa delegando-a a artefatos, que, à medida que foram ganhando complexidade, escaparam ao seu domínio e, numa verdadeira inversão de papéis, chegaram a submetê-lo, lançando-o na alienação.

Por meio da cibernética, ou ciência dos sistemas de direção, trata-se de resolver os conflitos e ansiedades que essa aventura de "aprendiz de feiticeiro" desencadeou no homem. Essa ciência, contrariamente ao que se acredita, não é uma teoria das máquinas eletrônicas mas a estrutura de uma síntese operativa que permite reagrupar os objetivos que o conhecimento alcançou, mas que se mantêm desconexos e dispersos. As máquinas, por sua vez, não passam de instrumentos que a cibernética criou para atingir seus objetivos.

Os modelos a partir dos quais essa ciência tenta o reordenamento da realidade são extraídos da própria natureza (por exemplo, a organização do sistema nervoso, do sistema circulatório, etc.) ou também das ciências matemáticas.

Os modelos permitem experimentar e realizar previsões a respeito dos resultados de operações sobre a realidade, seja no terreno da economia, da sociologia ou de qualquer outro campo da atividade humana. A cibernética se converte, então, no imprescindível aliado de qualquer tarefa que implique um planejamento ou uma prévia elaboração de estratégia. Com a utilização dessa técnica elimina-se definitivamente a intervenção do acaso, embora, é claro, não se fique a salvo do erro que provém do desajuste de modelos.

A teoria da informação está intimamente vinculada à cibernética, já que entre suas principais operações estão as de elaborar, conservar e transmitir dados.

Essas funções são realizadas por uma máquina que conta com capacidades de assimilação, discriminação, memória e aplicação. São precisamente esses poderes que fazem aparecer a semelhança entre a mente do homem e a chamada inteligência da máquina.

A máquina não é só o sítio de uma série de processos, mas ela mesma constitui um fenômeno que age sobre a realidade e a modifica. A sociologia e a psicologia interessaram-se por essa curiosa inter-relação homem-máquina. O vínculo com a máquina, particularmente com o cérebro eletrônico, vem se humanizando no nível do pensamento mágico. O homem deposita na máquina suas fantasias de onipotência e acaba se convencendo de que ela é um autômato. Imagina, assim, que seu invento voltou-se contra ele e que, inconscientemente, desencadeou um poder tirânico do qual não pode escapar.

Sofre uma lesão em sua auto-estima, pois tem a vivência de que todo o poderio que colocou na máquina o enfraquece e o submete. Sobrestima assim as aptidões do instrumento do qual é criador e esse enfraquecimento leva-o a esquecer, por momentos, que ele mesmo é o autor do sistema e que o manipula com o simples fato de apertar um botão.

Entregou-se de tal forma a um mecanismo que estava destinado a libertá-lo de outras servidões que cria uma nova idolatria, fundada no temor, com características de ideologia religiosa.

A revolução industrial que alcança seu apogeu com a cibernética acarreta por sua vez uma revolução social e política, já que a automação abre a possibilidade de uma nova relação entre trabalho e lazer.

Em face de uma mudança dessa natureza estruturam-se duas atitudes: por um lado, a rejeição em forma de medo, negação e reação que se justifica apontando todos os aspectos negativos desses *intrusos* perigosos e eficazes, acusados de manipular o mundo. Por outro, os que aceitam a mudança o fazem por estarem suficientemente instrumentados para estabelecer com a máquina um vínculo lúcido e positivo que não sobrestima seu papel nem suas possibilidades, com a consciência de que nos lançamos numa grande aventura da qual já não é possível voltar atrás.

Sociologia animal

Todo ser vivo – um homem, uma árvore ou uma formiga – encontram-se em interação permanente e dialética com seus semelhantes e o ambiente físico que o acolhe. Até aqui estudamos as relações entre os seres humanos em termos de vínculo. Hoje, queremos penetrar nessa rede de fios invisíveis que ata os seres vivos ao seu mundo, essa trama que constitui seu *habitat* e com a qual formam uma unidade inseparável.

As ciências sociais abandonam os conceitos abstratos que até agora manipulavam para se centrarem no estudo das relações do homem com os indivíduos e os grupos de outras espécies com quem coexistem, ao mesmo tempo que se interessam pelas estruturas sociais em que se organiza a vida desses seres. A sociologia animal deixou de ser um *divertimento* de naturalistas para se converter num apaixonante campo de pesquisas. As congregações de animais sempre têm um caráter social; um bando de pássaros que emigra em perfeita formação não é um agrupamento casual, pois manter-se juntos tem uma finalidade, e a interação que estabelecem entre si é prova de sua sociabilidade.

Os vínculos estabelecidos demonstram que não se trata de pura atração, mas que há um sentido de cooperação que aponta para um objetivo. Aparecem então os papéis, desempenhados nos grupos animais com características comparáveis às dos grupos humanos.

Os animais têm tarefas, assumidas e realizadas em função de seu grupo. A cooperação aparece como um esforço comum: realizado por todos os seus integrantes para que a comunidade sobreviva.

As vicissitudes da ação de um grupo podem ser acompanhadas por intermédio de um modelo natural – o casal unido num objetivo comum: a reprodução da espécie. O acasalamento de macho e fêmea proporciona as pautas de um comportamento social prototípico.

Os membros do casal se sentem atraídos um pelo outro. Esse primeiro impulso será o ponto de partida da cooperação futura. Às vezes, machos e fêmeas percorrem imensas distâncias para efetivar esse encontro. Permanecem ainda misteriosos os canais por meio dos quais os animais emitem e recebem suas mensagens.

O macho se aproxima da fêmea em busca de uma ação comum que os unirá de uma maneira intensa ainda que temporária. Conseguidos o acasalamento e a fecundação, o cuidado com a cria dá lugar a uma segunda forma de cooperação e a uma nova instância da vida grupal. Muitas espécies procuram superar o círculo familiar, formando comunidades numerosas. Outra forma de associação é unir-se para enfrentar um inimigo comum.

Uma vez reunidos em comunidade começam as diferentes formas da cooperação, sendo talvez a mais rudimentar fazer exatamente aquilo que os outros realizam. Esse ato, no entanto, não é uma simples imitação, mas tem o significado de integrar-se, de pertencer a um grupo. Produz-se então, no nível mais elementar, um fenômeno de identificação. É nesse momento que aparece um dos fatos mais curiosos da sociedade animal, cujas pautas são repetidas na sociedade humana: a divisão do trabalho.

Esses tipos de cooperação adquirem em cada espécie características distintas. Assim, nos animais superiores, o acasalamento requer algo mais que a sincronização de movimentos: exige um contato carnal que outras espécies evitam cuidadosamente. Podemos dizer, então, que nesses seres mais evoluídos já há uma maior capacidade de se comprometer totalmente numa tarefa.

Todas as formas da vida comum, desde os rituais que precedem o acasalamento até as mais complexas formas da ação grupal, requerem a existência da comunicação, ou seja, a capacidade de emitir uma mensagem, que possa ser recebida pelo outro, decodificada e captada sua significação.

Por exemplo, as abelhas, única espécie cuja linguagem já foi decifrada, podem emitir e captar uma mensagem que inclui vários dados, registrar relações de posição e "lembrar" os dados. Algumas condutas corporais – a dança é uma delas – lhes servem para comunicar aos outros membros de sua comunidade as informações obtidas. A dança demonstra, além disso, a capacidade para simbolizar, já que existe uma correspondência entre os movimentos convencionais e os dados que se propõem a transmitir. O vínculo entre os indivíduos se estabelece em todas as espécies em termos de comunicação, sendo que o rito e as diversas formas da linguagem aparecem como complementares.

A psicologia social interessa-se por esse mundo complexo das comunidades animais na busca de modelos naturais, reiterados no comportamento humano. As espécies coexistem num âmbito comum, ligadas por sutis laços que as levam a configurar uma unidade. As ciências humanas só poderão estabelecer-se na medida em que se integrem num conhecimento único, que estude o homem inserido em seu contexto.

O medo do asfalto

O homem estabelece com o meio em que nasce, cresce e se desenvolve vínculos que vão se humanizando de forma progressiva. Esses laços alcançam uma intensidade tal que esse *habitat* converte-se pouco a pouco num prolongamento do próprio corpo. A paisagem, os objetos, são descobertos num lento processo de crescimento. Um sentimento de familiaridade permite que os incorporemos à nossa imagem. Tornam-se, de algum modo, espelho.

Assim se dão os primeiros modelos naturais de comunicação com o mundo. Nesse *habitat* realizam-se as primeiras aprendizagens. E são essas experiências iniciais, com seu cenário e seus personagens, as que configuram o mundo interno que acompanhará cada um de nós ao longo de nossa vida adulta. Dessa maneira, ocorre um diálogo interno permanente com esses objetos definitivamente assimilados ao eu.

A linguagem, a música e a pintura constituem, em seguida, um mecanismo de alusão constante a esses objetos, a esse meio primitivo e àqueles que o habitaram. O bairro, a terra natal ou a saudade desta de que falam as canções remetem a coisas inanimadas. Fala-se de uma rua, uma esquina, uma árvore, mas alude-se aos primeiros laços humanos que eles simbolizam.

A análise, à luz da psicologia social, do vínculo e da pertença a um lugar, a uma terra, permite esclarecer a situação do homem do campo que se muda para a cidade grande.

O processo que esse personagem de nossa cultura sofre pode ser descrito em vários passos. Em primeiro lugar, as condições de um solo ao qual está simbioticamente aderido levam-no a buscar melhores perspectivas de trabalho e moradia. A cidade, com sua fascinação propagandeada, oferece todo tipo de gratificações. O pai de família fantasia então encontrar nela os meios que lhe permitam uma mudança de vida. Os mais jovens, por sua vez, ficam deslumbrados com a perspectiva de gratificações sexuais desconhecidas e uma possibilidade de ascensão social. A decisão de partir é tomada, então, de forma grupal. O sinal é dado pela mãe e os argumentos finais giram em torno do futuro bem-estar dos filhos.

No momento da separação, de romper os laços, produz-se um fenômeno que adquire quase as características de um ritual. Os lugares, as casas, são percorridos, examinados, como se ainda fosse possível encontrar neles o objeto mágico que impeça de partir.

Carrega-se então tudo, o violão, a cuia de mate, até mesmo as ferramentas agrícolas, mesmo sabendo que serão inúteis na nova vida, porque essas coisas passam a adquirir o caráter de fetiches. São os símbolos de um mundo que se abandona.

Já no trem que os transporta, aparecem os primeiros temores. O medo da perda e do ataque começa a funcionar no interior de cada viajante, e não é raro que algum deles adoeça, como se assim tomasse a si a ansiedade que aflige toda a família.

Chegando à capital, trasladam-se para o lugar previamente combinado com os amigos e parentes que já residiam ali. É este o momento em que começa a batalha com a cidade grande. Tomam contato com o que será seu novo *habitat*, no qual tentam, em vão, reproduzir as condições do anterior. Dessa maneira, integram essas comunidades marginalizadas que denominamos "favelas" e cuja coesão formidável está garantida pela procedência e pelo ofício de seus habitantes.

A depressão provocada pelo fato de ter emigrado é elaborada de forma grupal, forma esta que emerge mais facilmente dados a identidade de histórias, a ajuda recebida e o álcool. É muito comum que as festas acompanhadas de uma música triste e nostálgica sejam animadas por uma euforia artificial, que não consegue superar a frustração, e acabem quase sempre em violências, quando não em crime.

Chegado o momento de realmente penetrar na cidade, aparecem os conflitos decorrentes da instrumentação para o novo tipo de trabalho, o sentimento de desamparo e de perda da identidade. Tudo isso vai configurando um isolamento progressivo, um fechar-se dentro da própria comunidade, o que leva a procurar emprego nas zonas limítrofes, *a periferia*. A cidade se converte cada vez mais num monstro mitológico cheio de sedução e de perigo. A única segurança a que podem aspirar chega pela via da política: a filiação a um sindicato ou a um partido.

Há anos atrás, precisamente pela via política, criou-se uma situação de conseqüências desfavoráveis para os habitantes dessas comunidades. Uma manipulação psicossocial inadequada – que consistiu em deslocar de forma maciça e indiscriminada esses habitantes das favelas para apartamentos dotados de detalhes de conforto – provocou nos implicados, que não haviam sido preparados para a mudança, uma tremenda perda de parâmetros. O novo lugar foi confundido com o antigo *habitat*; se as pessoas chegaram a fazer churrascos sobre o assoalho foi porque acreditaram que era o piso de terra de seu longínquo rancho.

Destino e computador

Os acontecimentos da vida cotidiana, com seu caráter intranscendente e rotineiro, aparecem aos olhos do pesquisador social como indícios plenos de significado, emergentes de uma realidade que os utiliza como signos para se manifestar.

Assim, um fato aparentemente frívolo e banal, como pode ter parecido o *baile do computador*, realizado há poucos dias por nossa equipe na cidade de Buenos Aires*, foi uma valiosa experiência na qual se conjugaram psicologia e cibernética na tarefa de predizer e avaliar distintas formas do comportamento social.

A operação, que consistiu no ordenamento de cem casais participantes por meio de uma máquina eletrônica, tinha por objetivo medir o grau de compatibilidade ou articulação entre os integrantes da amostra.

A escolha do grupo participante, oriundo da classe média alta e da classe alta, foi feita segundo um critério de significatividade. O dado decisivo nesse sentido foi dado pela importância do papel que cada um deles desempenhava no mundo cultural, artístico, político, econômico ou social.

....
* Ver *Primera Plana*, n°. 203, novembro de 1966.

O elemento mais complexo da pesquisa consistiu no estudo das funções ou papéis que operam em nossa cultura e que a sociedade atribui a seus integrantes. Todo o sucesso da operação dependia desse passo, já que o grau de engrenagem entre os membros dos casais estava em relação direta com a coincidência entre os papéis assumidos por cada um deles e aqueles que lhes tinham sido atribuídos pelo computador, que nesse momento funcionava como porta-voz da sociedade.

A chave estava em procurar papéis complementares, já que por sua interdependência garantiriam uma margem de compatibilidade no casal.

Os critérios seguidos na seleção de dados para a amostra foram vários. Os de ordem biológica, mobilidade, lentidão, atitudes corporais, complementaram os indícios fornecidos pelo sexo, a idade, a estatura e o peso. Os fatores profissionais indicadores do *status* do pesquisado foram detectados de acordo com um código determinado por meio de perguntas que se referiam à rapidez na tomada de decisões, à espontaneidade, ao altruísmo, à tenacidade, ao ritmo de atividades.

Os fatores familiares que incidem na articulação de um casal foram avaliados por intermédio de perguntas a respeito da localização na família e o grau de harmonia entre os pais.

A capacidade de comunicação, as estratégias utilizadas para estabelecer contato com os demais, os sentimentos de autoestima, a atitude em face do próprio corpo, o humor, as atitudes religiosas, o grau de adaptação ao meio, a reação de segurança ou triunfo diante do olhar do outro, foram indícios que contribuíram para configurar os protótipos que nessa noite deveriam se articular no baile.

Um questionário de vinte perguntas foi distribuído dias antes entre os duzentos participantes. Em seguida, as respostas foram processadas pela máquina de acordo com a seguinte técnica: o computador foi alimentado com todas as fichas femininas e depois introduziu-se a primeira ficha masculina. Quando a máquina emitiu duas fichas juntas ficou constituído o primeiro casal. A máquina operou seguindo o critério previamente elaborado por nossas pesquisas, segundo o qual um casal se constitui por afinidade ou atitudes e oposição de sexos e de traços de caráter intimamente vinculados ao sexo. Chegou-se assim a atingir um alto grau de compatibilidade em termos de ajuste social.

Com os dados extraídos da pesquisa foi possível construir, por meio de uma técnica idealizada por nós, um personagem prototípico que chamamos de *Abstractus*; por intermédio de um salto do quantitativo para o qualitativo pudemos transformar os números em atitudes, opiniões e crenças. Assim, esse *Abstractus* ou modelo é o depositário da ideologia do grupo social que representa.

Na noite do baile do computador, o *Abstractus* feminino, correspondente à alta burguesia da Argentina que participou da experiência, pôde ser descrito como um personagem de boa aparência física, vestido de modo muito elegante, capaz de tomar decisões rápidas; tenaz nas tarefas que empreende, age com franqueza e espontaneidade, é um pouco narcisista, muito pouco conformista com as regras desse meio e sem fortes convicções religiosas.

Essa mulher prototípica sente que sua infância não foi muito feliz apesar de que seus pais constituíram um casal harmônico, é movida por uma forte aspiração de ascensão social e sua auto-estima se incrementa na medida em que seu *status* se eleva. Dotada de expressividade corporal, seu corpo desempenha um papel muito importante na vida: por isso cuida dele com tanto esmero; vive um conflito entre uma aspiração à mudança social e o medo que essa modificação de estruturas desperta nela.

A expectativa criada pela operação computador, e o fato de que nenhum dos casais construídos por ele coincidisse com algum dos casais já existentes participantes do baile, vem reforçar a idéia de que o casamento vive uma situação de crise na qual deve modificar os critérios de articulação e compatibilidade.

Xadrez e apocalipse

Alguns dias atrás, os jornais de todo o mundo comentaram uma partida de xadrez, realizada por meio de computadores eletrônicos programados por cientistas, que teve por contendores a Rússia e os Estados Unidos. Parecia que as duas grandes potências que disputam o domínio da Terra tinham levado sua competição para o inofensivo terreno do jogo.

Reforça-se, então, a hipótese que Freud confiou a Albert Einstein na correspondência que ambos mantiveram sobre a guerra. Segundo Freud, quando o poderio bélico dos países aumenta de ambos os lados em proporções desmesuradas, produz-se uma imobilização, que se torna manifesta por meio do aparecimento de mecanismos de controle, cuja finalidade é deslocar a destrutividade para situações desprovidas de perigo. No entanto, essas ficções ou jogos têm uma condição dramática e representam a situação real.

A escolha de um jogo como o xadrez não é obra do acaso. Trata-se de um instrumento adequado para explorar e reconhecer os pressupostos básicos que as duas equipes científicas manipulam na abordagem de qualquer situação. Ou seja, os fundamentos de suas respectivas estratégias.

A interpretação que surge dessa atitude é que seus protagonistas procuram resolver suas tensões internas por meio de um jogo simbólico, na busca de uma forma de convivência. O jogo aparece aqui como uma possibilidade de conhecimento e convivência mútuos.

Essa tentativa de convivência, que coincide com a conquista de um espaço que deverá ser necessariamente compartilhado, fala de um estreitamento de vínculos que se dá no plano da alusão e do símbolo.

Rússia e Estados Unidos encontram-se enlaçados numa situação triangular e determinados, em parte, pela ameaçadora presença de um "terceiro" com poderio e objetivos próprios: a China Popular. Os mecanismos de controle a que Freud aludia e que agem nesse momento para impedir uma eclosão atômica mantêm semelhanças com os mecanismos de regulação que atuam na natureza e que foram descritos sob o conceito de *homeostase*, ou equilíbrio físico garantido pela tendência do organismo para encontrar um estado ótimo.

Quando ocorre uma situação de perigo, o corpo recorre a seus sistemas de regulação, e se produz uma mudança em função da qual novos mecanismos de controle passam a operar. Essa noção de homeostase ou equilíbrio passou a ser entendida como o conceito unificador da teoria da personalidade.

Na vida psíquica também agem sistemas de regulação cujo objetivo é alcançar estabilidade e coerência na conduta, impedindo os comportamentos patológicos ou desviantes. Freud, seu descobridor, denominou-os mecanismos de defesa ou técnicas do eu.

Essas técnicas são postas em andamento quando irrompe, na mente, uma ansiedade incontrolável. Elas são mobilizadas, então, para controlar a situação e evitar a ruptura do equilíbrio. Defendem o sujeito da insuportável ansiedade.

Também as organizações sociais ou comunidades agem de acordo com o princípio de equilíbrio. Mas é necessário notar que, quando as condutas sociais ou individuais se fixam nesses mecanismos defensivos para além do perigo de uma emergência, o comportamento se torna patológico.

A utilização da cibernética, ciência da informação e do controle, como instrumento de um mecanismo social de defesa, como seria esse deslocamento da hostilidade para o jogo, revela-se um emergente significativo da mudança na política internacional.

O desenvolvimento desse processo pode ser descrito conforme suas diferentes etapas. Com o fim da Segunda Guerra Mundial, o conflito russo-americano criou uma situação de perigo, marcada por um estado de tensão crescente. O primeiro mecanismo de controle utilizado foi a Guerra Fria, que surgiu como avaliação da força do rival.

A corrida armamentista incrementou o poderio de ambos os países, ao mesmo tempo que uma terceira potência entrava em cena. Produziu-se, então, um salto do quantitativo para o qualitativo, em que a quantidade de tensão se converte em qualidade de controle, indicada pela utilização de instrumentos manipulados pela cibernética e que apontam para um objetivo de paz.

A sociedade atual, particularmente esses dois pólos nos quais se centra a maior destrutividade, desencadeiam no resto da comunidade e entre eles mesmos, por uma reação especular, o depósito da hostilidade própria no outro, que se vê aumentada por uma dupla projeção.

Nesse instante surgem o pânico e o controle.

A sobrevivência

As múltiplas e crescentes frustrações a que se vê submetido o ser humano criam nele um sentimento de hostilidade, cujo montante chega a ser de tal magnitude que produz um enfraquecimento dos mecanismos de controle social, começando assim a elaboração de um plano para o ataque, uma estratégia para matar.

Mas, à medida que se desenvolvem as possibilidades de extermínio, o perigo se volta como um bumerangue contra o agressor em potencial. O pânico, o medo de morrer motivam um planejamento para a paz. Ambas as estratégias acham-se em permanente interação.

Os homens se organizam, então, estimulados por terríveis experiências prévias e atemorizados por imagens de uma destruição iminente e definitiva, em instituições destinadas à preservação da paz; a cooperação internacional nessa matéria é vivida como uma exigência incontornável.

As ciências sociais desempenham, nessa tentativa, um papel de fundamental importância. Suas técnicas de pesquisa aplicam-se à resolução de problemas econômicos, éticos e políticos que interferem na estabilidade das relações internacionais. Sua ação nesse terreno justifica-se porque os fatores subjetivos, "aqueles que fazem nascer as guerras nas mentes dos homens"

(Carta Constitucional da UNESCO), interagem com elementos objetivos – às vezes incontroláveis – para configurar um estado de tensão. E são esses elementos objetivos, tais como a superpopulação, a necessidade de novas fontes de recursos naturais, que agem na psique alimentando a frustração e a agressividade. Nasce assim a expectativa de guerra, indício de que os mecanismos internos de controle da hostilidade tornaram-se mais frágeis.

As pesquisas comparativas realizadas em âmbito internacional constituem uma das mais valiosas contribuições das ciências sociais para a empresa da paz. O estudo das diferentes condições em que sobrevivem os grupos humanos permite uma melhor compreensão e previsão de seu comportamento, ao mesmo tempo que abre uma via de intervenção.

A dinâmica das relações internacionais surge da inter-relação de atitudes ou juízos de valor sustentados pelas diferentes nações. Essas atitudes coletivas, que se caracterizam por alcançar uma certa estabilidade em face dos acontecimentos que as suscitam, nunca são neutras. Significam uma tomada de posição, um estar a favor ou contra.

Determinadas por um tempo histórico, um meio cultural e um contexto social, as atitudes contribuem para configurar um "caráter nacional" que pode ser definido como a imagem que um povo tem de si e de seu vizinho. Essa imagem está sempre em interação com o contexto das demais nações e determina as possíveis condutas de intimidação, intercâmbio ou integração.

Até hoje, o comportamento intimidatório tem predominado nas relações internacionais. É por isso que a palavra *tensão*, que em termos individuais indica a hostilidade diante de obstáculos na satisfação de uma necessidade, significa, além disso, quando se trata de relações entre grupos ou nações, a presença e a percepção de uma atitude destrutiva.

Depreende-se disso, portanto, que outro capítulo importante são os esforços das organizações que trabalham pela paz mundial, desenvolvendo a análise psicossociológica da estrutura, das condições e repercussões dos conflitos que opõem as nações.

O papel que cabe aos pesquisadores é o do *esclarecimento* da estrutura da situação conflituosa, o que facilita sua elaboração adequada, com o propósito de determinar uma modificação no enfoque da política orquestrada pelos líderes internacionais.

O confronto de interesses, que leva duas potências ou blocos de nações a declararem guerra, pode ter tal magnitude que a tentativa de evitar os atritos pareça uma utopia. Não se trata de eliminar diretamente fatores de tensão, o que seria impossível, mas de criar novas circunstâncias, modificar o quadro das relações internacionais, introduzindo outros elementos na constelação de fenômenos determinantes.

Dessa forma, seriam alcançadas as condições para que as partes antagônicas consigam uma nova integração que lhes permita, em princípio, a *convivência* e a *coexistência* para chegar por fim à *conciliação*.

O sentimento de identidade de fins e interesses, presente no âmbito de um sistema social não desgarrado por graves contradições ideológicas, substituirá os nem sempre infalíveis meios de controle da hostilidade. A paz não seria o resultado de uma paralisação por pânico, mas uma atividade em comum.

Se as guerras obedecem a regras de um jogo de interesses, no qual se manipulam conceitos de perda e lucro, a paz se torna possível por meio de uma modificação das regras. Promover o desenvolvimento de um novo sistema social, cujos primeiros indícios ainda são pouco perceptíveis, é a grande tarefa de um mundo que aspira a sobreviver. A teoria da informação (comunicação) desempenha um papel de protagonista nessa mudança de pautas planejada para a convivência entre os povos.

Anatomia do conflito

A análise das situações de tensão internacional, traduzidas atualmente como guerra fria, paz armada e tímidas tentativas de convivência, nos leva necessariamente ao estudo da estrutura e da dinâmica do *conflito*.

Esse conceito esclarecedor, introduzido por Freud no âmbito da psicologia individual, torna-se extensivo, hoje, ao campo de todas as ciências do homem. Somente um enfoque interdisciplinar pode lançar luz sobre esse confronto de tendências opostas, que, ao não encontrarem uma solução dialética que as sintetize, provocam perturbações no terreno comprometido, seja o da família, do trabalho, social ou internacional. O conflito responde a um choque de múltiplos interesses, às vezes encobertos pela máscara de argumentos racionais. O que sempre subjaz é o ódio, a rivalidade nascida de uma luta pelo predomínio ou pelo prestígio.

As ciências sociais, dedicadas ao esclarecimento do conflito em todos seus níveis, muitas vezes se vêem detidas pelas resistências do meio a estudar e pelas dos próprios pesquisadores, que, em virtude de um mecanismo inconsciente, negam-se a assumir essa verdade: a indagação no campo social não fica circunscrita ao nível teórico. Quando, da análise, surgem as linhas de operação que permitirão agir sobre uma circunstância real e concreta, o pesquisador se vê promovido à arriscada situação de agente de mudanças.

O conflito, no qual aparecem alguns traços positivos, como a integração, o reordenamento e a subordinação dos grupos em tensão, foi descrito e interpretado segundo dois tipos de teorias. Algumas sustentam a crença comum de que o conflito é um estado patológico e procuram investigar suas causas e estabelecer um tratamento adequado para essa doença social. Outras, em contrapartida, aceitam-no como um fato natural, dirigindo sua preocupação para os comportamentos específicos que ocasiona.

Entre as teorias que consideram o conflito como uma situação normal dos processos de desenvolvimento, podemos distinguir aquelas que analisam em toda a sua complexidade os protagonistas das situações de confronto e tensão num exame do racional e do irracional, do consciente e inconsciente em suas condutas.

Outro enfoque, vigente na atualidade, parte da hipótese de que o conflito é uma forma de competição inteligente e elaborada, na qual os participantes procuram "ganhar", utilizando estratégias, táticas e técnicas similares àquelas que regem qualquer tipo de jogo no qual esteja incluído o planejamento.

Essa interpretação, embora descreva fatos reais que intervêm na dinâmica do conflito, como a interdependência nas decisões das partes adversárias e a expectativa que cada um tem a respeito da conduta do outro, deixa escapar a motivação subjacente em tais comportamentos competitivos.

Para nós, no processo do fenômeno conflituoso, o medo aparece como situação central. Esse medo é o resultado da projeção no antagonista das próprias fantasias de destruição. Duas ansiedades básicas, presentes em toda conduta humana, o medo da perda e o medo do ataque, surgem na situação de conflito com a percepção da hostilidade própria e alheia.

O medo da perda representa, num conflito coletivo, o temor do desaparecimento de valores e instrumentos culturais, conseguidos pela comunidade para a satisfação das necessidades grupais e individuais e para o domínio da natureza. O medo do ataque, estreitamente vinculado ao anterior, irrompe com maior intensidade quanto maior tenha sido a perda ou o dano instrumental. O medo da morte ocupa, por fim, o núcleo existencial de toda conduta coletiva em circunstâncias de tensão e conflito.

Por isso, a abordagem de toda pesquisa social nesse terreno será estrutural, fenomenológica e genética, ou seja, abarcará a forma, o conteúdo e a origem dos comportamentos em conflito. As escolas que defendem a tese da "estratégia racional" podem ser úteis na operação, mas sua ação se vê limitada por não se atreverem a lidar com o motivacional, as subestruturas dos fatos sociais. Sua contribuição mais importante ao problema das tensões entre grupos e nações é feita a título de técnicas de conciliação, mas não ganham força como instrumentos de esclarecimento.

Nas tensões que hoje agitam a vida intelectual existe um *continuum* de medo equivalente ao potencial de armamentos, incrementado constantemente pela observação do confronto que se dá nas guerras parciais, que são vividas pelos espectadores e pelos protagonistas como uma experimentação do poder ofensivo e defensivo de ambas as partes.

Em face dessa relação mútua entre armas e medo aparecem mitos que tendem a justificar o conflito. Talvez o mais importante deles se refira à duração da guerra. O mito procura racionalizar um desejo oculto, originado na hostilidade que ainda convive com todas as tentativas de paz.

Caos e criação

A descoberta, o ato criativo, responde a um mecanismo pelo qual o sujeito evita o caos interior, resultante de uma situação básica de depressão. Evidencia-se assim a relação entre criação e loucura, já que o criador, acossado por um mundo interno fragmentado, em vias de desintegração, busca em sua obra o reaparecimento de seus vínculos positivos com a realidade. A criação é um constante jogo de morte e ressurreição do objeto. Pablo Picasso é um exemplo típico dessa atitude. Sua pintura penetra nos objetos, os decompõe, os desintegra, para poder reconstruí-los depois, recriando-os.

Defrontar-se com o objeto estético ou do conhecimento configura sempre uma situação triangular, que caracterizamos como bicorporal ou tripessoal. É um drama que tem por protagonistas o pesquisador, o objeto, e por terceiro termo o medo do pesquisador ou criador de ficar capturado no objeto. Assim, o psiquiatra que utiliza sua mente como instrumento, teme entrar no mundo do doente e ficar aprisionado no universo caótico da loucura. É o terror da contaminação, que surge do fato de que todo conhecimento se faz por identificação, por empatia.

Somente uma distância ótima entre o pesquisador e seu objeto pode permitir uma comunicação positiva. Em contrapartida, se a ansiedade é grande demais, começa a escapar do objeto, o qual é sentido como perseguidor.

Por isso a descoberta, o desvelamento do objeto, é um ato de coragem, que significa vencer o medo do insólito, do novo ou do sinistro que podem se ocultar no objeto. A esse medo une-se um sentimento de culpa pelo fato de olhar aquilo que outros não olharam.

Uma interpretação psicanalítica atribui essa culpa à curiosidade e às fantasias sexuais que subjazem em toda atitude de pesquisa. Aparecem então os rituais do criador, destinados a postergar ou impedir a entrada numa zona perigosa. Por fim, um ato de decisão obriga-o a meter-se nela, pressionado por fatores de responsabilidade social, competição, etc.

A aspiração ao domínio do caos, esse medo da desintegração interior que determina o ato criador, tem em Norbert Wiener, pai da cibernética, seu paradigma. Wiener, depositário e porta-voz de um universo desintegrado, inventou a "ciência do controle" para não enlouquecer. O testamento científico desse homem, morto há poucos anos, oferece ao psicanalista um material tão arcaico, tão primitivo, como o que pode ser observado num selvagem ou num psicótico.

Seu pensamento, regido por uma lógica de tipo mágico, mostra tais fissuras, tal desagregação, que se pode adivinhar, por meio dele, um mundo interno desordenado e sinistro. Em face desse inconsciente, que parece um quebra-cabeça desmontado, nos perguntamos como a mente de Wiener se instrumentou, em virtude de que mecanismo pôde surgir desse caos interior uma ciência essencialmente ordenada da realidade como a cibernética.

Somente a imagem da destruição interior, seu sentimento de culpa e uma formidável tentativa de reparação evitam que se converta num iconoclasta e orientam seu esforço para a reconstrução. O objeto é reparado, o quebra-cabeça é armado. O criador projeta seu caos para fora de si, domina-o e reordena-o.

Eis aqui o triunfo da vida sobre a morte, da saúde sobre a loucura. As contradições que o desgarram se resolvem durante o processo criador. A fortaleza de seu eu e os estímulos do contexto permitem que esse homem, com uma psique "carregada de dinamite", se converta no descobridor, no líder da mudança. A transcendência de sua obra se faz universal, porque a reconstrução não se detém num mundo próprio, mas aponta para a ordenação de um caos que compromete toda a humanidade.

Por uma imponderável constelação de fatores de inteligência, sensibilidade e circunstâncias históricas, ele se tornou depositário das ansiedades de seu século, como um visionário que toma para si a necessidade de controlar o imenso poder das forças nucleares. Sua nova ordem deve dominar a morte.

A obra de Wiener seguiu um curso dialético, uma contínua espiral de criação e destruição do objeto, que é sempre reconstruído num nível diferente e com técnicas novas. Sua situação interna o move a buscar na realidade modelos naturais, nos quais se cumprem suas aspirações de equilíbrio. O modelo lhe esclarece os aspectos mais dispersos da realidade, servindo-lhe de guia na interpretação e organização de seu mundo projetado no exterior. Nasce assim a cibernética, ciência cujo nome a vincula à arte da condução dos navios.

Um piloto, um criador, Wiener enfrenta a tempestade, a manipula, utilizando como estratégia a acumulação de informação e a comunicação.

Nessa aventura de domínio e controle conta com um instrumento que o serve com cega eficácia: o robô.

A conspiração dos robôs

Na segunda metade do século XX, a humanidade inaugura uma era na qual o robô emerge como um instrumento de articulação entre o pensamento e a ação que o executa.

A transcendência desse fenômeno inédito e as dificuldades que sua compreensão apresenta nos levam a arriscar uma interpretação cada vez mais profunda do problema, na busca do necessário esclarecimento.

Inserindo-se no universo das máquinas, esse personagem quase humano parece competir com o homem em todos os terrenos, particularmente no da estratégia, seja bélica, política ou econômica. Um montante inusitado de responsabilidades cada dia mais complexas conduziu à criação de mecanismos capazes de assumir funções complementares à tarefa do homem.

Dessa maneira, nossa civilização depositou no robô a informação, dotou-o para a operatividade, instrumentando-o para o planejamento e o controle da natureza e dos produtos culturais. A presença dessas máquinas pensantes nos mais diversos âmbitos da vida, sua eficácia comprovada tanto na determinação de uma medida de governo, no diagnóstico de uma doença ou na elaboração de um cardápio, fazem pensar numa invasão. O homem parece se retirar do risco cotidiano de escolher e se entrega à fantasia de ser protegido pelas máquinas.

Proporciona-lhes, então, uma estrutura interna paralela à própria, onde se encontram órgãos de recepção de dados, verdadeiros *sentidos* mecânicos e um cérebro ou aparelho regulador central, que organiza e comanda a ação: o *servente* se converteu em concorrente.

Por isso, apesar de se saber autor das máquinas, o homem se pergunta se não chegou a hora de temer a rebelião dessas ferramentas criadas à sua imagem e semelhança. Detecta-se o perigo de que a máquina escape ao nosso controle e ultrapasse o papel que lhe foi atribuído.

Esse medo, que era uma absurda fantasia na era das calculadoras, se vê realimentado hoje pelo aparecimento de rivais do homem, como as máquinas analógicas e homoestáticas, verdadeiros robôs pensantes. Sua emergência significa um salto dialético no processo da automação e provoca inquietantes perguntas sobre o futuro. Recolhemos aqui as questões mais significativas, aquelas de cuja resposta pode depender o destino do pensamento humano e de sua capacidade criadora.

A relação homem-robô está marcada por um signo: o da *delegação* crescente de responsabilidades do homem para a máquina.

Na *decisão*, que sempre engendra risco e culpa, pois significa atuar sobre a realidade para modificá-la, a intervenção do robô é cada dia maior. Este, que segundo nossa fantasia aparece como onipotente e infalível, dilui nossa responsabilidade e nos liberta da culpa. Seu veredicto é inapelável. Magicamente, depositamos nele tudo o que não queremos assumir em nós mesmos.

A tendência à delegação provoca o temor de que, no futuro, as funções de decisão sejam propriedade de máquinas quase autônomas e que o papel do homem se limite a consultar seu oráculo mecânico.

Surge aqui um novo problema: o da comunicação com os robôs. O homem se dedica à construção de uma linguagem que torne possível o diálogo. Isso significa a criação de um código que permita decifrar as respostas do interlocutor. A invenção da linguagem lhe permitirá vencer nessa competição de poderes, garantindo a submissão dos robôs aos objetivos humanos que desencadearam o processo de automação. Contendo-os dentro de limites precisos, ficará a salvo dessa ansiedade de perda que hoje o aflige ao enfrentar o mundo dos cérebros eletrônicos, desse sentimento de "estar à mercê" das máquinas, instrumentando-o para conjurar a temida rebelião.

Mas o vínculo com o robô provoca um processo de identificação que leva a imitar a conduta da máquina. Considerando que o pensamento, e particularmente o pensamento criador, é uma forma de comportamento, perguntam-nos até que ponto o contato com as máquinas não modificará o processo humano, tornando-o cada dia mais matemático e formal. O pensamento dialético, com sua capacidade de conciliar opostos, surge então como o refúgio da capacidade criativa do homem e como a garantia de sua invencível – ainda que ameaçada – superioridade sobre as máquinas.

Não é casual que essa grande fantasia do robô surja num contexto de perigo universal que aterroriza os homens. As máquinas são o instrumento de controle de nosso poder de destruição. Por medo, o delegamos todo para elas, mas essa perda da manipulação da decisão se volta contra nós, realimentando o medo. Temernos nas máquinas o que não nos sentimos capazes de controlar em nós mesmos: a explosão, a loucura.

Em face da distorção desse esforço orientado para a libertação do homem de toda escravidão, surge a pergunta de se na nossa tentativa de alcançar a segurança não se teria de ir mais além da cibernética.

Lazer e férias

As férias anuais, esses dias em que o homem comum se afasta do escritório ou da oficina, aparecem como a possibilidade de possuir um tempo próprio, feito à medida de seus atos e de suas fantasias.

Essas semanas que transcorrem à margem das tensões e da obrigatoriedade do trabalho são vividas como uma ruptura da monotonia cotidiana e têm um protagonista: o lazer.

O aparecimento de uma possibilidade de lazer pago (férias), que é extensivo às classes economicamente menos poderosas, significa uma verdadeira revolução social. O antigo abismo que separava os que trabalham daqueles que fazem trabalhar quase desapareceu.

O legítimo anseio de obter o bem-estar converte-se, numa civilização técnica em que as pautas culturais tendem a se unificar, numa verdadeira febre hedonista incrementada pela publicidade, pela atração quase obsessiva pelas possibilidades de conforto, pela motivação constante para novas formas de evasão, reais ou imaginárias.

Essa febre hedonista, desencadeada por certas características da sociedade industrial, transformou-se num fato social e tem o lazer como seu âmbito de realização.

Os meios de comunicação de massa difundem essa nova moral da felicidade e penetram com seus modelos em sociedades de diferentes tradições e estruturas. Mas os *mass media*, em princípio porta-vozes de ideologias progressistas, planejadores de um tempo livre posto a serviço do enriquecimento espiritual do homem, agem também como agentes de uma publicidade que estimula, em primeiro lugar, o homem-consumidor, canalizando as necessidades e os desejos de felicidade para modelos pertencentes a outros níveis socioeconômicos.

O desequilíbrio entre o índice de aspiração, fomentado por uma propaganda que utiliza estímulos relacionados com viagens, automóveis, praia e sol, que faz a apologia do confortável em alojamento, transporte e vestimenta, e as possibilidades reais de quem se dispõe a tirar férias, geram um novo tipo de frustração, diferente da provocada pelo trabalho monótono e mecanizado.

Esse sentimento de frustração em face das férias vai criando um ressentimento que logo se volta para a tarefa em termos de diminuição da produtividade. A contradição interna entre a conquista de um tempo livre para o homem e a frustração desse homem em suas possibilidades de lazer não é compreensível a não ser através da hipótese de que mesmo nas comunidades mais evoluídas nem os indivíduos nem as sociedades contam, por enquanto, com os meios que lhes permitam converter – para todos – o tempo livre em fonte de felicidade.

No entanto, pela primeira vez na história do homem o lazer aparece como um valor, capaz de criar novas formas de vida. Quando o trabalho, por seu caráter necessário e obrigatório e por falta de coincidência entre vocação e tarefa, não é gratificante, o lazer, e particularmente as férias, oferecem a possibilidade de uma ruptura, mesmo que por meio do exercício de atividades como os esportes e as viagens ou da ficção (cinema, TV).

O lazer pode ser ocupação, mas está sempre marcado pelo signo da liberdade, do ato gratuito. Por isso foi definido como o conjunto de atos aos quais o indivíduo se entrega feliz e plenamente, depois de ter se liberado de suas obrigações profissionais, familiares e sociais.

Essa ruptura do cotidiano que acabamos de mencionar, unida ao sentimento de liberdade, pode tomar dois caminhos opostos. Um deles seria a permissão para infringir normas morais ou jurídicas, e o outro apontaria para uma adaptação mais ativa à realidade.

As férias, no enquadramento geral do lazer, significam a oportunidade de cultivar o corpo e o espírito, favorecem o conhecimento, o intercâmbio cultural e formas distintas de participação social (comunidades de verão, colônias, acampamentos, clubes).

Nos últimos anos, o fenômeno do lazer institucionalizado, que no princípio apareceu como "direito à preguiça", se manifestou como fator da evolução e progresso sociais. A tomada de consciência de que a interrupção do ritmo de produtividade rentável constitui um elemento revolucionário nas relações entre cultura e sociedade e cria um novo estilo de vida que favorece o desenvolvimento da personalidade motivou as instituições públicas e privadas a exercer sua ação sobre a dinâmica do lazer.

Essa manipulação psicossocial do tempo livre, tentada por algumas comunidades, funda-se na necessidade de que o lazer estimule a participação de todas as classes e indivíduos na vida social, profissional e cultural. O equilíbrio entre diversão, descanso e desenvolvimento é o objetivo dessas primeiras tentativas de lazer planejado.

Atualmente, as férias, o lazer de nossa civilização, carecem do sentido cerimonial das festas coletivas do tempo anterior à máquina. Talvez porque os ritos de nossas festas ainda estejam por ser criados.

Jogo e férias

A situação de lazer, com seu sentido de ruptura do cotidiano, de tempo próprio, aparece como o contexto ideal para uma forma de atividade que desempenha um papel decisivo no desenvolvimento do indivíduo e da sociedade: o jogo.

Essa ação gratuita, deliberada e livremente realizada, encerra em si um universo, regido por leis próprias, semelhante ao mundo do sonho. Como neste, diminui o poder repressivo da censura interior e os desejos de todo tipo encontram sua expressão nos gestos e na linguagem simbólica dessa forma de ficção.

Todo jogo persegue um objetivo. Trata-se de construir, por meio de uma atividade particular, um esquema que permita operar sobre a realidade. Sua missão não se esgota numa liberação de desejos ocultos ou reprimidos, mas aponta para um novo planejamento da realidade. Por isso, é uma das formas mais eficientes de aprendizagem.

O jogo é, em última instância, uma tentativa, uma forma de explorar o mundo. Traduz uma atitude psicológica, ligada à imaginação criadora, já que põe constantemente à prova nossas aptidões para a invenção, para a resposta imediata em face das mais inesperadas mudanças de situação e instrumenta nossa capacidade estratégica. Numa sociedade mecanizada, submetida ao regime da automação e da produção em série, o jogo significa o espontâneo e desperta uma nostalgia do invento, do ato criativo. A ânsia de jogo irrompe, então, como oposta ao mundo do trabalho, e se desloca para outra atividade livre e gratuita: a arte. O surrealismo e o *pop* são formas de uma arte-jogo que revelam o insólito, o sinistro ou o maravilhoso que subjaz oculto na monotonia cotidiana.

O terreno da liberdade constitui a própria essência do jogo. Toda coação, toda obrigatoriedade o desnatura. Apesar desse caráter voluntário do ato de jogar, ele está sujeito a regras fixas, convencionais e arbitrárias, que regem a conduta dos participantes.

O jogo, como ficção, significa uma tomada de distância da realidade cotidiana, uma ruptura do ritmo da atividade prática. Constitui um território fechado, marginal, com uma realidade própria, que exige daquele que nele entra um compromisso total, uma entrega absoluta à situação fictícia e uma submissão completa à arbitrariedade de suas normas.

O tempo de jogo é limitado; ingressar nele ou abandoná-lo são atos que respondem a decisões livres, mas, nos momentos em que vivemos nesse mundo, estamos totalmente capturados por ele, e nossa atenção é exigida com uma intensidade que raras vezes se alcança na vida cotidiana.

A fascinação que o jogo exerce sobre nós se explica pelo que ele significa como oportunidade de superar a frustração que sofremos no mundo da responsabilidade familiar ou do trabalho. É um cenário em que podemos ganhar ou perder prestígio, *status*, vínculos. Nele se desencadeiam nossas fantasias de onipotência, de controle da realidade. Assim, o jogador acredita poder dominar o destino ou a sorte, nesse momento representados por um número ou uma carta.

A incerteza quanto ao resultado é outro dos elementos constitutivos do jogo. Sem esse mistério, os jogos competitivos ou os de azar perderiam seu interesse.

O jogo é uma atividade criadora, mas improdutiva de um ponto de vista rigorosamente econômico: mesmo naqueles em que se aposta dinheiro, não há produção de bens, apenas um movimento na propriedade de bens.

A rivalidade e a necessidade de desafiar um destino de frustração são os motivos que nos impulsionam a jogar. Certos jogos, fundados no espírito competitivo, recorrem à estratégia, ao cuidadoso planejamento, à habilidade e ao treino. É um ensaio de uma ação organizada sobre a realidade, uma forma de se instrumentar para a manipulação da vida e da morte.

O azar significa, em contrapartida, a vertigem, o desafio ao estereótipo. É vivido como a aventura de construir o próprio destino com base na fantasia do encontro fortuito. É outra forma de estratégia em face da morte, um plano que corre o risco de encontrar o insólito.

Essa forma de jogo se intensifica durante as férias, por uma intolerância contra a falta de tarefa. O azar aparece como a possibilidade de resolver nosso descontentamento num plano mágico. Então, a emoção de ganhar ou perder converte-se na emoção do encontro e do desencontro.

O jogo nos arranca da impotência de um lazer não planejado, de um tempo que deveria ser vivido como próprio e que sentimos escapar. É então o momento de delegar a um bilhete, a um cavalo ou a uma roleta nosso desafio à vida.

O automóvel

O lazer, particularmente aquele que se institucionaliza por meio das férias, implica uma modificação total da conduta, estruturada num mundo de trabalho e de acordo com uma ideologia de produtividade. Assim, o corpo, protagonista do comportamento na tarefa, desaparece como objeto e se converte em ferramenta, ao passo que no lazer emerge como envoltório e instrumento de diversão e prazer. A necessidade de ignorar a fadiga ou a impotência instrumental obriga a negar esse corpo que, nas férias, cada um descobre para si e para os demais.

O esquema corporal se modifica em termos de tempo e espaço, peso e leveza. Esse novo corpo em liberdade exige de nós o esforço de assumi-lo e de nos familiarizarmos com ele. O veraneio se converteu no veraneio do corpo, tudo gira em torno dele, os estímulos para o esporte ou para o descanso, as viagens, as comidas. Transforma-se então num centro motivacional de condutas, no objeto de técnicas destinadas a superar o tédio, risco que acompanha a suspensão de tarefas.

A liberdade do lazer revoluciona nosso sentido do tempo, e essa modificação é experimentada no esquema corporal. Aparece então a ânsia pela velocidade, a pressa. Esta nasce da pressão das fantasias alimentadas durante o ano. Existe uma urgência que traduz a necessidade de aproveitar até o último minuto esse tempo maravilhoso mas limitado.

A pressa aparece nos preparativos prévios à partida, na escolha de meios de transporte. O tempo passa a estar dotado de um valor diferente, e toda demora é vivida como uma situação torturante.

As férias aparecem, em nossa imaginação estimulada pela publicidade, como a promessa do paraíso.

Ao confrontá-las com a expectativa de felicidade, a velocidade se converte numa exigência. É por isso que o automóvel irrompe no cenário do lazer revestido da liderança que lhe proporciona o fato de ser o instrumento que permitirá *anular o espaço para capturar o tempo*.

Essa vontade de superar distâncias está relacionada com a esperança de conseguir a felicidade imediata. A fantasia de um encontro, a crença de que no ponto de destino algo ou alguém nos espera, motiva inconscientemente a pressa.

A impaciência, este não poder suportar o adiamento, porque segundo nosso tempo interno já estamos ali junto do objeto desejado, é a que nos faz colocar o pé no acelerador, enquanto que a esperança, numa mágica negação do perigo, nos permite crer que nada de ruim poderá nos ocorrer.

A vertigem da velocidade é sentida como necessidade corporal, e por meio do automóvel nos permite administrar a distância e o tempo. Assim instrumentado, o automóvel se converte numa extensão de nosso corpo; incluindo-se no esquema corporal, provoca em nós sentimentos de onipotência como se tivéssemos dentro de nós todos os cavalos de força da máquina.

A conduta automobilística só pode ser compreendida em termos dessa tripla relação corpo, espaço e tempo. Trata-se de um comportamento repleto de elementos narcísicos. O automobilista, enquanto dirige, centra sua atenção na unidade corpo-carro. Desenvolve então uma verdadeira patologia, uma hipocondria do automóvel que nesse momento é vivenciado como um organismo. Inquieta-se com qualquer ruído, o menor arranhão significa uma agressão em face da qual reage com inusitada violência. É um homem-automóvel. Suas aspirações estão na máquina, o carro é seu *habitat* e envoltório, que o expõe e o protege.

O motivo da pressa, a esperança do encontro, é deslocado – já na estrada – para um segundo plano. A velocidade deixou de ser um instrumento para se transformar no objetivo autosuficiente; é o sentido dessa experiência de viagem.

O motorista bloqueia seus afetos, esquece responsabilidades em sua febre de governar o tempo e o espaço, vingando-se da experiência a que é submetido na situação de trabalho. Desse modo, entrega-se a um delírio de invulnerabilidade.

A rivalidade, todos os fatores de competição, exacerbam-se na estrada. Trata-se de provar quem tem mais pressa, porque a pressa é um signo de *status*. Indica o homem ocupado, cujas tarefas não admitem postergação. Esse tipo de fantasias está sempre presente como estímulo da velocidade.

Junto com esses fatores aparece outro: a sedução. O dono do carro mais veloz exerce uma fascinação sobre os outros, paralisa os competidores. O carro acompanha o corpo no jogo da sedução, é uma imagem de potência, velocidade, eficácia e, simultaneamente, um indício de nível socioeconômico. É uma linguagem simbólica que o corpo utiliza para se mostrar.

A velocidade é, sem dúvida, a ideologia de nossa época. Aparece como o instrumento de domínio do espaço e do tempo numa tentativa de alcançar o novo mundo onde nos veremos libertados das frustrações de nossa existência alienada. O impulso que nos leva a correr é o que nos lançou na conquista espacial, como se, desafiando assim a limitação da morte, pudéssemos superá-la.

Família e lazer

A circunstância das férias nos permite uma primeira aproximação ao estudo de uma estrutura social básica: a família, que encontra no lazer uma situação de mudança, na qual deposita suas esperanças de uma consolidação dos vínculos que unem seus membros.

É o momento em que os papéis institucionalizados, mais ou menos fixos durante o ano, se mobilizam, observando-se deslocamentos operativos de funções de liderança, intensamente desejados por todos. As férias significam a grande empresa familiar, que agita as ilusões e as economias do grupo. Transformam-se numa ideologia que determina um estilo de vida. Essa nova pauta de conduta é atribuída a necessidades psíquicas e físicas, acompanhadas de aspirações relacionadas com o prestígio, a ascensão social, as novas amizades.

Mas uma interpretação mais profunda indica que a motivação subjacente a esses fatores é o desejo de tomar distância de uma zona geradora de tensão: o mundo do trabalho, com suas repercussões na economia familiar; o planejamento é insuficiente porque sempre parte da negação dos conflitos da convivência, de uma paralisação das relações humanas que começam a se tornar difíceis. A escolha do lugar de veraneio é feita em função de motivos de ordem social, econômica e orgânica.

Na classe média, a moda constitui um fator de decisão, ao passo que os veranistas da classe popular, especialmente os que, sendo do interior, emigraram para as cidades, aproveitam esses dias para retomar contato com sua terra, comprovando por fim que seus vínculos com seu antigo meio enfraqueceram, quebrando-se sua pertença. Esse retorno é vivido com angústia, pois os submete à avaliação dos que ficaram. A classe alta busca o isolamento, explorando novos lugares, que logo são invadidos pela maré da moda. A determinação final significa o ponto de partida de divergências que dividem o grupo, no qual começa a se incubar um estado de tensão.

O caráter matriarcal de nossas famílias acentua-se na etapa dos preparativos finais. A mãe age como líder organizador e seu papel se manterá até o regresso. O pai, apesar da eventual supremacia que lhe dá a manipulação do carro, é tratado como mais uma criança, já que estabelece com sua mulher uma relação de dependência, se entrega a seus cuidados e delega a ela toda a autoridade. Seus planos de lazer estão povoados de fantasias de descanso, pesca e tempo livre para se dedicar a qualquer *hobby*.

A ansiedade do grupo, nascida da acumulação de expectativas, e o medo que acompanha toda mudança, crescem dia após dia e se tornam manifestos nos preparativos das bagagens. Os objetos se multiplicam como se esquecer algo significasse ficar desamparado em face da nova situação.

No momento de chegar, o projeto prévio é posto à prova, pois nunca é total a coincidência entre o *habitat* esperado e o obtido; o desajuste provoca reações que podem incluir o desejo de voltar, mas a força da fantasia edênica que os levou a viajar obriga-os a se resignarem.

O grupo começa a se desmembrar lentamente; por incompatibilidade de aspirações de seus integrantes, os dois extremos da família, crianças e velhos, que não encontram uma estrutura operativa para seu tempo livre, convertem-se em motivo de conflito. A idéia de conquista amorosa é o objetivo das férias dos jovens. O clima de festa determina um enfraquecimento da censura, e a sexualidade tende a aflorar com intensidade e descontrole. Isso obriga os pais a uma vigilância inquieta, ao passo que os filhos se sentem crescendo, vivendo momentos importantes, nos quais adquirem liberdade e se integram a novos grupos que exercem sobre eles mais influência do que a família.

O adolescente, dedicado à tarefa da sedução, na qual a roupa e o corpo desempenham um papel importante, entrega-se a atitudes de rebeldia, e essa independência subitamente alcançada desencadeia nos pais depressão e mau humor. Aparece assim o antagonismo entre as gerações.

A esperança de uma liberdade total – ingrediente da fantasia edênica – contrasta com uma burocratização das férias, que se dá em termos de horários de hotel ou ritmo familiar. O enquadramento rígido constitui uma boa fonte de divergências nessa comunidade que se mobilizou em busca do repouso e da harmonia, longe das preocupações cotidianas.

O tédio se insinua no meio da temporada, tédio que nasce da falta de tarefa habitual, que – gratificante ou não – permite integrar-se ao meio e canalizar ansiedades que irrompem com violência nessas horas livres.

Para os adultos, as férias são uma ocupação transitória, com características de monotonia e estereótipo.

A cultura de massas é a responsável por essa frustração: ao confundir planejamento com modelos rígidos, age sobre as multidões e distorce a espontaneidade do lazer.

Férias: o retorno

Quando, por fim, o homem em férias conseguiu se adaptar à situação de lazer, estreitando vínculos com seu contexto, a imposição de se reintegrar a suas atividades habituais irrompe como exigência de mais uma mudança.

A idéia do regresso já estava presente durante o lazer, e essa contemplação da própria tarefa, feita a partir da distância do campo ou da praia, permite uma visão realista de nossa situação no mundo, dando margem a uma reflexão que nos situa em nosso meio social, histórico e cultural.

Se o espairecimento, com sua característica de evasão das zonas de conflito, permite uma crítica – ainda que rudimentar – de nossa vida cotidiana, o fenômeno do retorno vem inevitavelmente acompanhado de um balanço da experiência, em que se trata de conseguir uma imagem interior, grupal ou individual, do lazer vivido e de sua contrapartida: a tarefa cotidiana. Surge então a pergunta: *Descansar, para que e para quem?*

A hostilidade é então canalizada para o trabalho, com o qual se experimenta um vínculo de dependência extrema, quase uma escravidão. Nessa passagem do processo, as férias já não são vistas sob o aspecto positivo de tempo próprio e liberdade, mas em função da tarefa. Significam a oportunidade de repor energias e diminuir a fadiga laboral para aumentar o rendimento no transcurso do ano; descobre-se que não se descansa para si mas para o outro. A empresa aparece então como bode expiatório.

O sacrifício econômico das férias, que no princípio foi considerado um investimento, surge agora como um desperdício, emergindo ao mesmo tempo uma nostalgia da poupança, como fator de segurança. O indivíduo considera que volta em melhores condições físicas para trabalhar, mas que por causa do lazer sua dependência do trabalho se reforçou, encontrando-se, agora, à mercê de sua tarefa.

À medida que se avizinha o retorno à atividade cotidiana, intensifica-se uma ansiedade intimamente ligada com o sentimento de desconfiança em face do papel transitoriamente abandonado. A frase *como encontrarei tudo aquilo*, que se formula ao voltar, revela o índice de incerteza e o medo da perda ou do ataque que envolve quem se ausenta, fazendo com que tema conspirações contra si.

Os diversos itens do balanço da volta são analisados em termos de relaxamento, recreação, vínculos familiares, estrutura do grupo, reforço da própria identidade por meio da reflexão e do repouso. É nesse momento que emerge, como uma fugaz intuição, o sentimento de que se caiu numa engrenagem de uma indústria de diversão planejada.

Mas, se o aspecto negativo desse enfoque pode levar a dizer *é a última vez que venho*, o humor faz aflorar rapidamente o aspecto positivo, conduzindo a uma nova esperança de lazer.

A adaptação ativa ao papel habitual exige uma certa flexibilidade e, em termos de tempo, a reintegração ao cotidiano demora em torno de uma semana. A função, uma vez assumida, nos parece modificada, não apenas por nossas ansiedades de perda, mas também pelas mudanças experimentadas no período de lazer, já que a aquisição ou canalização de novas aspirações obstaculiza o encaixe ao papel estereotipado.

O tema do repouso e da recreação está ligado a um fenômeno característico de nosso tempo e que foi batizado por médicos e psicólogos como o *estresse, esse grande assassino*. Assim é chamada a reação estereotipada de nosso organismo que atua como situação básica de toda doença. Trata-se de ansiedade e hostilidade crônicas, constantemente realimentadas pelos conflitos na área do trabalho e da família. O repouso surge então como o prazo que nos é dado para alcançar o relaxamento ou alívio do *estresse*. Mas, justamente, o fato de que devamos empregar nosso lazer na elaboração do *estresse* por meio do descanso, não deixando espaço para a recreação, gera uma depressão que impede o desaparecimento total da ansiedade; o descanso aparece como problema quando o trabalho se afasta da vida, quando deixa de ser vocacional. O retorno a essa tarefa estará acompanhado de um montante de *estresse* que fará com que aquela se torne pouco gratificante, monótona e muito abaixo de nosso nível de aspiração.

Mas esse engate difícil com o papel cotidiano é facilitado pela recepção dos companheiros. O sentimento de pertença, de integração num grupo, diminui a frustração do retorno. O esquecimento dos fatores negativos do lazer institucionalizado tem por objetivo permitir a elaboração de uma nova fantasia edênica, na qual as férias reaparecerão como meta da tarefa. E, mais uma vez, no projeto, as futuras férias representam a oportunidade desejada, em que por fim se poderão realizar as aspirações.

Se o grupo familiar conta com uma certa plasticidade, não fará uma negação total dos fracassos sofridos. A experiência será aproveitada em todos os aspectos e o lazer será mais bem planejado, a mudança será instrumentada com vistas a uma melhor adaptação à realidade, para além de uma alienação que não se origina no lazer mas no campo cada vez mais conflituoso do trabalho.

Os ídolos

O ídolo é um personagem psicologicamente necessário durante o processo de desenvolvimento no qual serve como elemento ou tela de proteção de um objeto interno idealizado, que encarna as aspirações do sujeito, e que cumpre uma função protetora contra o constante assédio de seus medos básicos.

Por intermédio desse fenômeno de identificação com o ídolo, o sujeito adquire uma pertença a um determinado grupo, o que permite uma inserção num contexto em que o herói exerce uma liderança à distância. Na adolescência, etapa marcada pela adesão fervorosa aos ídolos, desenvolve-se um incessante intercâmbio deles. Podemos dizer que cada homem está habitado por vários ídolos, que variam de acordo com a orientação de seus interesses, seu *status*, etc.

O ídolo é mais do que um personagem determinado: é um papel social cuja função consiste em assumir e gratificar aspirações coletivas. Quanto maior for a coincidência entre essas aspirações e o comportamento do sujeito-ídolo, mais intensa será a adesão que desperta. Mas, se ocorrer o menor desajuste entre o papel atribuído e o assumido, a idolatria mostra seu reverso numa tremenda hostilidade apenas proporcional ao grau de frustração sofrida.

A figura idealizada emerge como mais necessária num contexto de crise no qual a função do pai e da mãe se enfraquece. Nesse momento histórico a juventude aparece como uma nova classe social que confronta as estruturas de um mundo adulto para assinalar seu fracasso. A autoridade dos anciãos foi deslocada pela figura do adulto, e o signo da crise é a entrada em cena do jovem, quase do adolescente, competindo com os mais velhos que ele.

O jovem vê neles personagens que abandonaram sua função tradicional, e para os quais a tão falada experiência se converte numa bagagem inútil e anacrônica. Aparece então uma impossibilidade de idealização dessas figuras enfraquecidas. A sociedade revive. Tudo o que é novo, tudo o que é jovem é promovido na arte, na política, na ciência.

Com a queda da "gerontocracia", inicia-se a busca de figuras substitutivas que se convertem nos modelos reconhecidos pela cultura de massas.

Nesse meio, a criança perde progressivamente a possibilidade de se identificar com seu pai, e esse conflito básico de imitação e rejeição, que percorre todo processo de desenvolvimento, perde sua vigência. Em seu lugar emerge um sentimento de vazio, de tédio, de angústia. A vida parece não ter sentido, é necessário fazer uma demanda – ainda que inconsciente – a um pai ideal. Aparece então a busca de ideologias e símbolos que representarão, uns o pai e outros a mãe: a nação, a pátria, a igreja, o líder político.

Os modelos de identificação, a atribuição de funções de proteção, deslocam-se do âmbito das famílias e do raio de ação do homem maduro. Recaem então sobre os heróis da cultura de massas, chamados a desempenhar este papel de objeto idealizado.

O novo modelo é o de um ser humano na busca desesperada de sua própria realização por meio da instrumentação do amor e do bem-estar. A juventude e o presente se converteram no valor essencial de nosso tempo. A incapacidade dos que envelhecem para se responsabilizarem por ele é outra das causas de seu eclipse.

As interações existentes entre a cultura de massas e a adolescência caracterizam-se por serem intensas e caóticas.

O adolescente não está totalmente capacitado para selecionar os modelos que os *mass media* lhe oferecem constantemente, e que determinam nele diversas pautas de comportamento. A debilidade das figuras parentais revela-se uma vez mais por meio de uma escala de valores confusa e inconsistente, na qual as aspirações de liberdade e risco se traduzem numa atitude de rebeldia que pode chegar a se transformar num sistema de vida à margem da lei.

A rebelião dos jovens adquire uma linguagem própria que se torna manifesta na sua forma de vestir, na sua gíria, sua música, suas diversões, mas de um modo particular por meio de seus ídolos, porta-vozes da ordem distinta a que aspiram.

A conduta desses heróis, que se convertem em personagens míticos, só pode ser compreendida dentro do fenômeno da idolatria. Sua vida está determinada por essa relação com seus *fãs*, que acabam por possuí-los completamente. Seu êxito, de dimensões quase inexplicáveis, exige um preço de dependência total.

Sua vida privada está a serviço de milhares de seres, "sendo ao mesmo tempo ideais impossíveis de imitar e modelos imitáveis".

O oculto

A sociedade sofre um processo de desintegração que a incapacita para funcionar como subestrutura temporal-espacial, fonte de segurança para os indivíduos. Essa crise social ou *anomia* magnifica o fenômeno da idolatria, presente de um modo explícito ou implícito em cada um de nós, na infância, por carência ou debilidade das figuras parentais.

O homem recorre a técnicas defensivas que o libertem do intolerável sentimento de insegurança. Busca então no ídolo um modelo que funciona como a antítese do bode expiatório ou depositário de toda a culpa.

Estabelece-se com o ídolo um vínculo positivo, e ele se converte naquilo que, em psicologia, se define como *objeto bom*. Seu valor sofrerá modificações quantitativas, em proporção ao montante da angústia. Toda essa situação está marcada pelo signo da incerteza.

A mente, o corpo e o mundo de cada homem encontram-se habitados por objetos, que podem desempenhar um papel persecutório ou gratificante. Toda atividade do *eu* se centra no esforço para controlar esses objetos e evitar a contaminação do bom. Quando esse *eu* sofre frustrações, incrementam-se os medos e aparece o transtorno da conduta, que pode ser descrito como um adoecer de amor e por ódio. É o momento em que, por obra de mecanismos de atribuição e idealização, surge o ídolo como guardião do equilíbrio mental.

O sujeito se une ao ídolo por laços de dependência e vive a experiência de estar à sua mercê. Essa situação de dependência pode apresentar diferentes modalidades: *simbiótica*, se há intercâmbio entre homem e ídolo; *parasitária*, se o sujeito subsiste às expensas do ídolo; e *siamética*, se a fusão com o objeto idealizado é total.

Dentro da constelação de "deuses sem rosto" aos quais o homem moderno recorre para se pôr a salvo de suas ansiedades, a ciência – com a audácia de suas descobertas e o espetacular avanço da tecnologia – cumpre um papel de ídolo todo-poderoso, credor de todos os sacrifícios. O desenvolvimento da humanidade se dá através de três momentos: o mágico, o religioso e o científico.

O traço mais característico de nossa cultura é a passagem do nível religioso para o científico. Assistimos à *deificação*, em face da ameaça do caos, de um saber ordenador, sistemático e racional. O pensamento, numa cadeia causal, procura se impor sobre a magia e o milagre, que já não são operativos para controlar os velhos medos humanos.

Todas as aspirações de segurança estão colocadas na ciência porque também dela emanam atualmente os maiores perigos; é uma situação ambivalente de temor e idealização, e ela engendra em cada um de nós uma submissão total, condição básica de toda idolatria.

Ao considerar a magnitude do poder atômico ou as façanhas espaciais, ao mesmo tempo em que nos sentimos gratificados em nossas fantasias de domínio do universo, oscilamos entre o pânico e a onipotência; é por isso que este tipo de idolatria deve ser entendido como uma doença social. Paradoxalmente, apesar dos riscos de destruição que engendra, a ciência emerge nesse momento de nossa história como o ídolo necessário, porque configura um verdadeiro sistema de proteção ao aparecer como a atividade mais instrumentada para enfrentar a luta contra a morte, revestindo-se então – e por um novo deslocamento do religioso – de elementos mágicos. Assim, de ídolo ou de mito, transforma-se em ideologia, porque sua concepção do mundo se dá dentro de um contexto no qual suscita a formação de grupos, dotados de filiação, pertinência e cooperação, numa tarefa comum.

Pode-se afirmar, como axioma, que, quanto maior o medo, mais complexa e poderosa se torna a estrutura do ídolo. A ciência conjuga o racional com o mágico, e essa identificação entre sábio e feiticeiro (cada dia mais distantes no plano da realidade, mas que se dá na mente do homem da rua) aparece como reação em face do esclarecimento dos fenômenos sociais e da manipulação da conduta, propiciados pelas ciências humanas, assim como do controle da natureza e a abertura de perspectivas insuspeitadas, realizados pelas ciências exatas.

Mas, à medida que se avança no processo de *deificação* da ciência, esta padece de uma desumanização. A tarefa de nossa cultura será guiar-nos para reelaborarmos uma nova concepção do mundo que seja a base teórica de uma nova civilização sem contradições ou limitações.

O exercício da liberdade e da imaginação, que permite uma abordagem do objeto de conhecimento, penetrando-o e desemaranhando-o, conduz a uma aproximação da realidade, com a conseqüente humanização e desmitificação da ciência.

Magia e ciência

O ato mágico é, no nível do pensamento arcaico, uma tentativa de domínio da realidade.

O mágico foi considerado por nossa cultura sob seu aspecto negativo, como uma regressão ao primitivismo. No entanto, é possível descobrir nessa ideologia o fundamento de uma tecnologia instrumental e operativa.

O ritual mágico estereotipado e minucioso converte-se numa técnica destinada a alcançar automaticamente um determinado objetivo. Tem o poder de resolver ou apaziguar as ansiedades de um indivíduo ou de toda uma comunidade.

A magia apela sempre para uma linguagem codificada e esotérica, na fantasia de que esse idioma estranho, povoado de chaves, possa ser decifrado pelo destinatário da mensagem. Este é sempre, em última instância, um deus único e universal, que habita *o oculto* e do qual cada um dos seres faz parte. É aí que reside a possibilidade de uma comunicação onipresente e a confiança na eficácia do rito.

A relação mágica se dá por meio de dois tipos de vínculos, positivo e negativo. A magia inclui corpo e mente, e é por intermédio da mente ou do corpo que agem tanto o vínculo positivo como o negativo. O corpo significa o emocional, é o responsável pelo transbordamento afetivo do ritual.

A mente, por seu lado, assume a função do pensamento mágico, sua ideologia, seu fundamento metafísico e sua onipotência.

O conjuro talvez seja o elemento mais importante no sistema da magia. É aquela parte oculta que se transmite por "filiação mágica" e à qual só tem acesso o mago.

Segundo sociólogos e antropólogos, na operatividade do rito pode-se descobrir três presenças: os sons que imitam os ruídos naturais – o rugido do vento, as vozes dos animais ou o murmúrio da água – simbolizam certos fenômenos naturais, momento em que no ato mágico se produz a confusão entre o símbolo e o simbolizado.

O segundo elemento notável nos conjuros mais primitivos é o emprego de palavras que invocam, descrevem ou ordenam a finalidade desejada. O feiticeiro menciona os sintomas da doença que quer provocar ou curar.

Por último, aparecem no rito as alusões mitológicas, referência aos antepassados, dos quais a magia foi herdada.

A tradição é o componente decisivo de toda civilização primitiva. Os costumes recebidos, as histórias, se acumulam particularmente em torno do ritual do culto mágico. Nesse contexto encontramos, sem exceção, uma lenda a respeito das origens, que conta como o rito se converteu numa posse de um grupo social, povo, família ou clã.

Os antropólogos afirmam, no entanto, que a magia não tem origens; é algo não nascido "que sempre, desde um princípio, foi". O pensamento mágico é inerente ao homem e está ligado a tudo aquilo que o compromete e o interessa de um modo essencial. A magia não é outra coisa que uma das formas possíveis e primeiras de relação com o mundo.

A parte instrumental da magia, que mostra certas similitudes com todo ato técnico, aparece como um complicado mecanismo de controle da ansiedade. Os diversos tipos de ritual utilizados estão diretamente vinculados com essa estrutura geral da magia que emerge, então, como um fenômeno natural, que tem sua fonte no inconsciente e nas duas atitudes básicas de medo da perda e medo do ataque.

A identificação com o oculto, o poder universal, que é o fundamento ideológico da magia, obedece a um mecanismo psicológico de projeção individual ou coletiva que também se encontra na raiz de toda religião ou idolatria. Na magia são projetados, simultaneamente, os desejos e as proibições.

A magia penetra no sujeito. Esse ato se produz no transcurso de uma experiência real e concreta. A revelação do mágico expressa-se por meio de uma nova cerimônia que progressivamente vai adquirindo caráter instrumental.

As propriedades acessíveis ao pensamento primitivo não são as mesmas que chamam a atenção da ciência. Em ambos os casos, o mundo e a natureza são abordados a partir de dois extremos opostos, quer os encaremos do ponto de vista das qualidades sensíveis ou das formais.

Ambos os caminhos conduziram a dois tipos de saber, diferentes e positivos.

Somente nos últimos anos configura-se a oportunidade do encontro desses dois rumos, o da ciência e o da magia, dentro do contexto comum da comunicação e do domínio da natureza. A magia aborda o natural por meio da comunicação e a ciência atinge, por meio da física, o mundo da comunicação. O pensamento científico mais moderno tem assim sua fonte de inspiração no pensamento selvagem.

O caráter nacional

A organização social de nosso tempo estrutura-se em parte com base em certos elementos-chaves: as nações. As vicissitudes que seus vínculos sofrem, suas alianças ou seus conflitos, constituem a dinâmica do sistema internacional.

O estudo das relações entre os povos é um tema de importância capital. No entanto, só pôde ser abordado de forma sistemática pelas ciências sociais no começo da segunda metade do século XX.

Definiu-se a nação como "uma comunidade de caráter com comunidade de destino". No processo de sua formação e desenvolvimento, desempenha um papel fundamental o chamado caráter nacional, contexto das modernas formas de comunidade política.

A relação entre nação e caráter surge da sistematização de arcaicas tendências dos agrupamentos humanos.

A diferença entre o caráter dos distintos povos é gerada por um complexo processo, no qual intervêm fatores atuais e históricos. Esses trabalham no sentido de configurar uma estrutura – o caráter nacional – que tem traços específicos em relação com um determinado conjunto de população que participa de preconceitos, opiniões, crenças, etc. Essa estrutura ou esquema referencial tem um estilo próprio, que condiciona a maneira como se efetua toda abordagem da realidade.

O caráter nacional pode, em última instância, ser avaliado em sua influência segundo os termos de uma bipolaridade, inibição-decisão. Essa estrutura opera sempre de uma maneira inconsciente, situacional e direcional. Quando um conteúdo psicológico passa por esse sistema referencial, adquire-lhe as características. Nesse momento, assistimos à passagem de uma opinião a uma ideologia, ou seja, a uma nova estrutura que, se é assumida, dá sentido à existência de quem a professa.

Esse conceito dinâmico de caráter nacional invadiu explícita ou implicitamente todos os ramos das ciências humanas. Forma assim um conjunto específico e significativo para cada país, cada época, cada idade.

Orienta – e isso é importante – para uma atitude fundamental com respeito à assunção e delegação de papéis. Gera-se assim um novo par estrutural que condicionará a conduta num nível ainda mais profundo do que o de caráter nacional.

Em termos de papéis, o caráter nacional pode ser definido como um sistema quase fixo de assunção e atribuição de funções. Determina um tipo de comportamento com reações mais ou menos previsíveis.

O sistema de papéis é geralmente formulado em termos de vínculos bicorporais. Mas o mais específico do caráter nacional é a forma como o *terceiro*, elemento invariável em toda relação humana, o influencia e o determina. Em todo comportamento em que se possa reconhecer algo específico, este depende do grau de permissividade ou proibição imposta pelo terceiro. Exemplos: Ocidente, Rússia e China; Estados Unidos, América Latina e Cuba, etc.

Como elementos constantes no caráter nacional, deparamos com estereótipos e preconceitos vinculados aos diversos tipos de cultura. No caso do estereótipo, como também no do preconceito, trata-se de uma estrutura adquirida por aprendizagem.

Os estereótipos são imagens correspondentes a uma categoria, que cada indivíduo ou grupo utiliza para justificar um preconceito que conduz ao amor ou ao ódio.

Seja ele favorável ou desfavorável, o preconceito é uma crença de intensidade exagerada e está associado a uma categoria. Sua função consiste em justificar por racionalização nossa conduta com relação a essas categorias.

A imagem de um grupo ou nação provém, em geral, de uma experiência dada, mas também é possível que o *estereótipo* se desenvolva em contradição com toda evidência.

Por último, o terceiro elemento, que, junto com o preconceito e o estereótipo, age na configuração e difusão de uma imagem de caráter nacional, é o boato.

A imagem de uma nação – seja da própria ou da alheia – inclui sempre uma avaliação logística de seu potencial econômico e bélico, do montante de sua hostilidade ou do grau de sua amizade, de sua atitude integracionista ou intimidatória. Essa imagem, suscetível de distorção, age na mente dos governantes e condiciona suas decisões.

O papel atribuído a cada nação, de acordo com o *estereótipo* do caráter nacional, e o assumido por esta, se entrecruzam para dar lugar ao mal-entendido que tantas vezes vicia as relações internacionais.

Tensões internacionais

O caráter nacional, opondo-se a outros, cria um tipo de intercomunicação que tem por resultado um estado de tensão, ansiedade e medo. O diálogo fica perturbado e a linguagem adquire um significado diferente para cada indivíduo.

Com o rompimento da rede de comunicações, o mal-entendido e o subentendido acabam sendo emergentes de outras causas mais gerais e profundas, como as de ordem socioeconômica.

Quando esse fenômeno ocorre entre duas nações, o medo invade ambos os setores e a destruição aparece como finalidade. Situadas em uma das partes, as fontes de ansiedade se deslocam para o campo do outro por entrecruzamento e *depositação* da agressão contra ele. Quando aparecem os primeiros sinais de fissura dos vínculos internacionais, cada país assume um papel, e tende, por um lado, a elaborar uma estratégia para a destruição ou isolamento do contrário, e simultaneamente trabalha num planejamento positivo, que aspira a evitar o conflito e preservar os homens das conseqüências da guerra.

Estas duas estratégias estão sustentadas em ideologias, apoiadas por grupos de interesse que participam da negociação dos resultados de um conflito, embora de uma forma que parece não ter se tornado consciente.

Nesses momentos de crise, os governos fazem um apelo ao caráter nacional (tal é o caso da China Comunista na atual circunstância de sua evolução), reforçando-o em suas características positivas e negativas, utilizando-o para obter a unidade ameaçada pela crise.

É um fato comprovado (e com maior intensidade no transcurso da recente conferência em Buenos Aires) que os países, em decorrência de uma ênfase do caráter nacional, com seus ingredientes de realidade, preconceito e estereótipo, resistem a integrar organismos internacionais. Destacam-se aqui o medo da perda e do ataque, que se traduzem nos países mais fracos, no temor de serem absorvidos ou devorados por aqueles considerados potências.

O estereótipo, essa bagagem de idéias complexa e rígida, que sempre vem acompanhada de uma carga emocional, condiciona atitudes e juízos de valor ligados ao caráter nacional.

Funciona assim como fator de distorção de enfoques e situações na inter-relação de papéis e comportamentos que configuram o sistema das nações.

A imagem da realidade desempenha um papel transcendental nas relações internacionais, já que condiciona as decisões dos governos.

A conduta de cada nação não passa, em última instância, de uma hipótese acerca da reação do outro. Os porta-vozes e executores das relações internacionais movem-se num mundo de possibilidades mais ou menos rigorosas. A atividade das nações, em cada circunstância histórica, é um fenômeno único e praticamente sem antecedentes; não existe modo de confiá-lo ou submetê-lo a uma experimentação prévia.

As avaliações logísticas a respeito do próprio país e dos estrangeiros, deformadas pelo preconceito, podem conduzir às vezes a erros de cálculo tão fatais como o citado por Kenneth Boulding, da Universidade de Michigan: "É verdade que a Primeira e a Segunda Guerras Mundiais poderiam ter sido evitadas se os alemães e os japoneses tivessem feito uma apreciação mais exata da capacidade do povo e do governo americano para transformar seu potencial econômico em potencial bélico."

Nesse exemplo podemos observar um fenômeno que, junto com o preconceito e o estereótipo, contribui para deformar a imagem da realidade internacional. Referimo-nos à deficiência e falta de rigor científico na informação negociada pelos meios diplomáticos e pela espionagem.

Às ciências sociais corresponde hoje o importante papel de construir para os povos, os governos e os organismos mundiais imagens fiéis da situação internacional.

Um enquadramento racional, um método dotado de rigor científico é aplicável no contexto do estudo das relações entre os povos. Nesse sentido, surgiu um movimento apoiado pela UNESCO, que inclui sociólogos, economistas, antropólogos e psicólogos sociais. A direção da pesquisa aponta para uma nova visão quantitativa e qualitativa do conjunto do sistema internacional. Nessa imagem incluem-se os fatos sociais de transcendência nacional e mundial, a direção da propaganda ideológica, etc., registrando, como um *barômetro social*, as vicissitudes dos estados de tensão, amizade ou inimizade que animam as relações entre os povos.

A conduta do jogador

O jogo, atividade universal e útil, que cumpre um papel de transcendental importância no desenvolvimento infantil, emerge na vida adulta como um impulso natural, que por sua intensidade chega a se converter, em alguns indivíduos, em verdadeiros acessos de paixão patológica.

Essa modalidade compulsiva de jogo é justificada pelo jogador mediante os mais diversos argumentos, destinados a diminuir o sentimento de culpa que se manifesta por meio de uma pressão irrefreável, que escapa a todo mecanismo de controle.

Amparado numa emaranhada rede de raciocínios, o jogador não se atreve a confessar que, para além da avidez ou da cobiça, a única coisa que quebra sua resistência, e que o seduz permanentemente, é o universo do jogo em si e por si.

Incrementa-se então seu sentimento de culpa, o que determina um desinteresse quanto ao que eventualmente possa ganhar. Não descansa até se desfazer dos ganhos, mantendo uma conduta de desperdício que, nesse caso, tem um sentido de autopunição.

Esse sistema percorrido pela culpa e pelo castigo está pronto para entrar em funcionamento quando as circunstâncias externas e internas são suficientemente estimulantes. Quanto maior for a clandestinidade e o segredo do jogo, mais intenso e incontrolável é o impulso para repetir o ciclo.

A conduta do jogador inclui um ritual, passos cerimoniais e atitudes de tipo cabalístico. Sente, em face da situação de jogo, uma filiação de tal natureza que se torna impossível o abandono desse terreno que é vivido como uma irmandade.

Estabelece então com o jogo um vínculo dependente e viscoso, que por sua intensidade e persistência nos permite inferir que num nível mais profundo se encontra impregnado de elementos mágicos.

Descobrimos, então, a estreita vinculação que existe entre o jogo e o Oculto, designando-se com esta palavra tudo aquilo que permanece secreto e escondido aos olhos dos homens. Nesse mundo de mistério encontramo-nos em pleno pensamento mágico e arcaico.

O ocultismo está presente no jogo como técnica e como a força que atua favorecendo o encontro entre o jogador e seu objeto.

Esse fenômeno vem acompanhado de um sentimento de onipotência e de uma ambição desmedida, já que se trata de alcançar e controlar aquilo que é mais inacessível e escondido, o segredo dos segredos.

O azar, o destino e a morte são o Oculto, que, nessa formulação inconsciente e mágica, o jogador tenta dominar. Esse segredo supremo é, ao mesmo tempo, o conhecimento total e o poder total. Aqueles que, por intermédio de intermináveis rituais e cabalas, crêem ter alcançado a posse do segredo do azar vivem-no como uma revelação insustentável. Desenvolvem então uma atitude mística, isolando-se do resto do mundo e caindo num hermetismo que se expressa numa linguagem incompreensível para os profanos e que só pode ser decodificada pela irmandade de jogadores.

O jogador sofre uma metamorfose, pela qual acredita encontrar as chaves que abrirão as sucessivas portas do conhecimento. É nesse momento que emergem as características operativas das referências mágicas ligadas ao jogo, mesmo em suas manifestações mais patológicas, pois favorecem a liberação de inibições em face da atividade criadora. Esse fenômeno é observável em muitos artistas. O vínculo entre o sujeito (jogador) e o objeto (o jogo) tende a se tornar cada vez mais estreito e compreensível.

O fato de ganhar (e não o ganho material) representa o *encontro* entre ambos os termos. Esse encontro pode sofrer a interferência ou ser ameaçado por um terceiro elemento: o azar.

Nos jogos proibidos, o caráter clandestino age como incentivo do impulso de jogar.

A censura interna, que é o freio mais poderoso no comportamento do jogador e que dá origem ao sentimento de culpa, se enfraquece, já que é depositada ou delegada ao outro (o Estado, as leis, etc.). Ao jogo acrescenta-se então o perigo de ser surpreendido em flagrante. Emerge ou se superpõe, nesses casos, outra fascinante situação de jogo: o risco, o desafio ao destino.

A conduta normal de jogo no adulto distingue-se da conduta patológica do jogador apanhado nesse universo mágico pelo caráter compulsivo do comportamento deste último.

A diferença, em princípio, seria de ordem quantitativa; mas essa mesma freqüência e intensidade de jogo determinam um salto do quantitativo para o qualitativo, e faz com que suas condutas de jogo tenham traços perfeitamente discerníveis.

Socialmente, o jogo desempenha a função de instrumento canalizador de tensões. Em termos estatísticos, comprovou-se que nas situações de crise o montante do que se joga sofre um incremento, ou seja, multiplica-se o número e a intensidade da busca da solução mágica.

O lugar do medo

As relações internacionais, definidas como "toda manifestação do comportamento humano que, originando-se de um lado de uma fronteira nacional, exerce influência ou determina reações além dessa fronteira", constituem um *complexo de interações* ligadas a diversos domínios: econômico, político, militar. Dele emergem, permanentemente, acontecimentos que afetam os povos.

A maioria das nações que conformam a sociedade internacional chegaram a um ponto de sua evolução no qual se tenta abandonar a resolução dos conflitos pelo uso da violência, percebendo-se – pelo menos intelectualmente – a necessidade de uma elaboração para alcançar o bem de todos e de cada um.

O problema que se coloca para os grupos sociais ou nações mais evoluídas é o da conciliação no âmbito das relações internacionais dos interesses da comunidade mundial com os do próprio grupo.

Neste momento histórico particular, dentro do desenvolvimento das relações entre os povos, no qual as condutas dos conglomerados sociais constituídos como Estados ou nações começam a se modificar profundamente, orientando-se para a integração, as conferências internacionais cumprem um papel de fundamental importância. Torna-se manifesta então a pobreza de recursos que caracteriza as técnicas destinadas até hoje à manipulação destas conferências. Essa falta de desenvolvimento instrumental traz consigo o risco de conduzir ao fracasso, ou, o que dá na mesma, à inoperância do papel que as reuniões de alto nível devem cumprir no plano internacional.

As conferências internacionais não são apenas a oportunidade de comunicação entre governantes, no marco rígido das relações oficiais, mas significam também a possibilidade de aberturas formais e informais no domínio do intercâmbio comercial, intelectual, ideológico.

Estudos especializados, tais como os empreendidos pela UNESCO e outros centros de pesquisa, centraram-se num objetivo: a utilização eficaz das assembléias internacionais para ajudar os povos do mundo a viverem pacificamente um junto do outro. Com essa finalidade, é avaliado o caráter positivo ou negativo dos fatores que entram em jogo nessas sessões e sua incidência no desenvolvimento das relações internacionais. Chegou-se a definir, dessa maneira, quais são as imagens e as expectativas em disputa nos distintos países ante a iminência de uma reunião de cúpula.

As expectativas se dão em dois planos: o racional e o mágico.

Numa análise que se detenha no nível consciente, as conferências internacionais aparecem como tentativa de integração orgânica dos povos com vistas à convivência pacífica, ao mesmo tempo que são consideradas a instituição clássica do Direito Internacional.

Desempenham um papel normativo destinado a desenvolver uma maior colaboração entre os povos. Significam a oportunidade de delinear a constituição jurídica e orgânica da sociedade continental ou universal. São o âmbito para o confronto de potências e ideologias, mas nelas a *negociação* e a *deliberação* aparecem como instrumentos capazes de *utilizar* estrategicamente as tensões existentes entre os povos (sua supressão total seria uma utopia), com o objetivo de conseguir, numa hábil manipulação delas, um salto do quantitativo (montante de agressão) para o *qualitativo*, que determinaria uma mudança de sinal nas relações internacionais.

A fantasia subjacente a esse enfoque racional é a união mágica entre as nações em litígio, encobrindo com essa fantasia um medo da contaminação que condicionaria, sempre no inconsciente, uma atitude simultânea de sabotagem que impediria um acordo. Os medos comprometem as operações incluídas na tarefa de solução da discórdia, fazendo com que fracasse a estratégia, e com ela as técnicas de reconciliação. Isto dá um caráter irracional ao processo, e uma conferência internacional, aos olhos de um espectador, desperta agressividade contra ambos os lados ao mostrar um comportamento imaturo desencadeado por essas motivações inconscientes.

A preparação das conferências internacionais deve se ajustar a técnicas provenientes das ciências sociais. O estudo sistemático de disposições e atitudes deverá se voltar tanto para o explícito como para os fenômenos subjacentes.

Mas o passo mais importante consistiria na aplicação das técnicas dos grupos de discussão às deliberações internacionais. Integrar os participantes num grupo de tarefa (operativo); apontar e resolver suas ansiedades ante a situação de mudança, desencadeadas pela modificação das relações entre os povos; estabelecer uma boa comunicação e cooperação traria o desaparecimento do medo, esse grande inimigo da integração.

Perturbações

Cada conferência internacional deve ser compreendida não como fato isolado, mas conforme seu caráter de manifestação particular e localizada de um pausado mas irrefreável movimento rumo ao internacionalismo.

Todo encontro deliberativo entre diversas nações se converte no cenário no qual *atua*, de maneira explícita, o fenômeno social mais significativo de nosso tempo: o conflito.

As tensões, que inevitavelmente surgem das divergentes orientações de interesses e motivos de ação e da necessidade que cada povo experimenta de manter uma identidade (caráter nacional), aparecem num nível superficial de análise como obstáculos para alcançar o objetivo de acordo e colaboração que promove as reuniões internacionais.

Mas, se no plano das relações entre indivíduos o termo *tensão* é traduzido como *hostilidade* desencadeada pelo acúmulo de frustrações, no âmbito das relações internacionais as tensões significam também possibilidades de aberturas, indicando o primeiro encontro para uma ação comum. Adquirem, então, um caráter eminentemente positivo.

Descartadas a violência e a agressão armada como formas de resolução das situações de confronto, esse papel se desloca – no sistema internacional constituído nos anos do pós-guerra

– para as conferências deliberativas, sejam elas permanentes ou não. Assim, a guerra fria entre os blocos do oriente e do ocidente desenvolveu-se particularmente no seio das Nações Unidas. Um estudo psicossociológico das assembléias internacionais não pode ser abordado sem a compreensão prévia do papel motivador que nelas cumprem os conflitos.

Para tanto, as conferências internacionais deveriam ser precedidas de pesquisas que, seguindo um plano proposto pela UNESCO, se propusessem a esclarecer os traços que caracterizam cada cultura dos países intervenientes, seu sistema jurídico, a auto-imagem de cada povo e a visão que possuem dos outros, as influências que agem predispondo a opinião pública para uma maior compreensão internacional ou para um nacionalismo agressivo, o registro de emergentes (dados significativos) que se manifestem nos meios de comunicação de massa.

Esse estudo teria por objetivo o exame de todos os fatores de perturbação que, gestados no âmbito nacional, se farão sentir nas reuniões internacionais.

Os mandatários de cada nação, sejam representantes diplomáticos ou chefes de Estado, tornam-se depositários ou porta-vozes das ideologias de seus respectivos povos. Os conflitos que previamente contrapunham ou dividiam os distintos países, ou seja, os conflitos *intergrupais*, se convertem em tensões *intragrupais*; em suma, criam um tipo particular de relações entre os participantes da conferência e estabelecem um clima.

Por essa conversão do intergrupal em intragrupal, as conferências internacionais constituem uma inestimável oportunidade para a redução ou a instrumentação dos conflitos entre os povos.

As técnicas da pesquisa social, aplicadas numa extensão internacional, movem-se no difícil terreno das hipóteses. Nos encontros internacionais, quando os estudos prévios permitem um planejamento e uma estratégia para os conflitos que necessariamente aflorarão, as técnicas de esclarecimento e abertura da comunicação que caracterizam a manipulação dos grupos "frente a frente" obtêm êxito em seu esforço para canalizar tensões.

Quando, em Punta del Este, durante o mês de abril, se reunirem os presidentes americanos, pesarão sobre seus ombros não só os problemas de uma "agenda" ou os de seu próprio governo, mas também a maciça depositação dos preconceitos, hostilidade, necessidades e grau de evolução dos povos que representam. As tensões, tanto em seu sentido positivo como negativo, foram mobilizadas em virtude do particular momento histórico que o hemisfério atravessa, e da recente conferência de chanceleres, que deu lugar à formação de blocos e alianças na chamada "família americana".

Em nosso artigo anterior, chamamos as conferências internacionais de *lugar do medo*, e é precisamente por causa dessa constelação de tensões e conflitos que a escolha da sede de deliberações se orienta para os países que tradicionalmente ostentam a maior vigência de garantias constitucionais. Um pouco magicamente e à margem dos argumentos puramente racionais, busca-se um âmbito externo seguro, que não obrigue a se defender em duas frentes.

Mal-entendidos e negociação

As dificuldades da negociação internacional situam-se, como vimos, no próprio contexto da Conferência. Cada representante assume o papel de depositário das ansiedades, suspeitas e desconfianças do povo que o envia. Mas o problema reside num mecanismo de projeção, em função do qual atribui esses medos aos outros delegados, criando-se assim um estado crônico de tensão que obstaculiza o emprego das técnicas de conciliação.

Em determinados momentos o debate adquire as características de uma ficção de guerra na qual qualquer estratégia é válida.

A conduta dos delegados pode ser explicada por uma certa imaturidade política decorrente de uma ambigüidade de ideologias ou propósitos, que afeta particularmente o ato de decisão ou voto. Essa ambigüidade é fomentada pela existência de grupos de pressão externos e internos e pela inquietante vivência de jogar o destino do próprio país dentro da comunidade representada na conferência. Mas o fator mais grave de perturbações decorre das contradições do Direito Internacional, que num enfoque psicossocial, aparece como uma barreira construída para manter a distância entre os povos, já que a comunicação é vivida como contaminação e ruptura de limites.

Seu conteúdo explícito refere-se aos tradicionais temas do direito natural, a independência dos estados e a autodeterminação dos povos.

Apóia-se numa doutrina individualista que se revela anacrônica num momento histórico em que o esforço das nações não se limita aos aspectos de não agressão mas se estende para a busca de uma colaboração na tentativa de alcançar objetivos comuns.

Junto a essas duas posições explícitas, a individualista e a socializada que funda as tentativas de cooperação internacional, aparece o conteúdo implícito das relações entre os povos. Trata-se de um conteúdo latente mas claramente percebido pela maioria dos habitantes da Terra: a dependência dos países pobres e subdesenvolvidos em face dos países ricos e a relatividade do conceito de liberdade que dessa situação de submissão se depreende. A conferência de presidentes americanos em Punta del Este se dá num momento em que o âmbito do direito internacional e as relações entre os povos foram violentamente sacudidos pela Encíclica "Progressio Populorum".

Todos os atores do drama enunciado por Paulo VI estarão presentes. O subdesenvolvimento da América Latina é quem faz o apelo aos povos opulentos na busca de um equilíbrio econômico e social que torne possível o progresso do homem. A Encíclica Papal foi impactante.

Do ponto de vista da psicologia social é válido interpretar uma relação entre a publicação do documento e a próxima reunião de presidentes americanos. No documento está denunciada a ficção de igualdade sustentada pelo direito internacional cuja falácia se torna evidente nesse tipo de conferências. A Encíclica é uma interpretação antecipada em face de um ponto de urgência político, econômico e social. Aparece no momento em que as tensões estão se expressando de forma caótica; crimes políticos, intensificação da ação de guerrilheiros, reaparecimento de antigos fantasmas e reabertura da investigação do assassinato do presidente Kennedy.

Nesse contexto, a Encíclica desempenha um papel de esclarecimento da situação tornando explícito o implícito, procurando fazer com que os governos e seus delegados se situem em seu verdadeiro papel, mais vinculado ao político do que ao econômico, já que, no fundo, o que está em jogo é um problema de poderes e o conflito se dá entre imperialismo e antiimperialismo.

É hora de tomar consciência de que os países não têm tanta necessidade de lutar por sua independência segundo a consagra o Direito Internacional, mas por uma interdependência que, cumprindo-se em todas as ordens, assegure uma verdadeira liberdade fundada numa maior igualdade.

Uma vez analisadas as estratégias da não-integração que se funda particularmente na resistência à mudança, estamos em condições de afirmar que o documento papal, pela privilegiada posição que ocupa quem o firma, enfrenta a mudança autorizando, finalmente, o desenvolvimento de uma estratégia integracionista e superando, por meio dessa autorização, o medo da contaminação.

Começa-se planejando a cooperação, e avaliam-se os possíveis caminhos efetuando uma reformulação das inter-relações.

O direito internacional só perderá seu caráter de ficção se os problemas da igualdade se mantiverem dentro de certos limites, por obra dessa ação integracionista.

Pela primeira vez

Muitos leitores se perguntarão franzindo a testa: psicologia social em esporte? ... que invasão de território é essa? No entanto, devemos aceitar essa premissa, cujas conclusões são o resultado de experiências surpreendentes. As notícias nos transmitiram a presença de um psicólogo na delegação brasileira de futebol que competiu no campeonato mundial. Alguém comentou o assunto de forma jocosa; outros deram a notícia com assombro. Os europeus, acostumados a adentrar o terreno de qualquer pesquisa, recebem a novidade vivamente interessados. E já se afirma que tanto na Itália quanto na França as futuras delegações desportivas incluirão um técnico em questões psicológico-sociais.

Nós, também instigados pela inquietação, estendemos uma ponte entre um homem de ciência e a opinião pública. Trata-se do Dr. Enrique Pichon-Rivière, cujo prestígio como psicanalista expandiu-se universalmente. Encarando a questão, o Dr. Pichon-Rivière começa nos dizendo:

— Concordo: atualmente o esporte é uma grande preocupação. Todos buscam o desenvolvimento da força e da resistência corporais; os progressos da ciência e da mecânica criaram diversos instrumentos que os aficionados utilizam para seus fins, e em todos os países do globo foram criadas numerosas organizações e clubes que realizam a tarefa de direção, condução e difusão das diversas manifestações desportivas. Por sua vez, as regras estabelecidas conseguiram uma uniformidade comum para essas práticas. Mas do que pouco se tem falado é que a intervenção de um psicólogo social no campo do esporte tem, atualmente, um significado especial. Isso se deve a que um dos mais brilhantes representantes da psicologia social, George H. Mead, baseou seus estudos em observações de jogos em equipe, dos quais ele mesmo participava.

– Suponho que o senhor se interessa muito pelo tema; portanto, seria o caso de perguntar-lhe qual foi o motivo pelo qual decidiu enfocá-lo.

– Pratiquei esportes desde criança. Principalmente futebol. Além disso, vivi em cidades pequenas, com pouca população, o que, naturalmente, facilita a integração das gangues ou "turmas", ou seja, grupos espontâneos de crianças, com uma determinada finalidade. Em Goya, na província de Corrientes, por exemplo, fundamos um clube, o Matienzo, que acabou sendo o mais importante da região. Lembro que naqueles tempos organizávamo-nos continuamente em equipes, fosse para jogar, para planejar fugas coletivas a uma ilha, travar batalhas navais no rio (para grande desespero de nossas mães) ou para qualquer outra coisa. Desde então ficou em mim a vivência do caráter operativo das situações grupais. Anos depois, compartilhando as práticas desportivas de meus filhos, voltei a viver a experiência.

– É a primeira vez que o senhor expõe idéias em torno desse problema?

– Sim.

– O senhor sabe se essa tarefa já foi empreendida anteriormente?

– Recolhi algumas informações, embora tenha certeza de que nada foi feito de forma sistemática.

– Qual é, a seu ver, doutor, a posição de um time inserido dentro de uma instituição?

— Um grupo ou time, que atua dentro de um clube, deve assumir papéis que lhe são atribuídos e deve manter seu prestígio.
— Mas... e o profissionalismo?
— Com o profissionalismo a situação se agrava consideravelmente. Porque à tarefa do grupo (time), que é a de ganhar a partida, junta-se agora a necessidade de sustentar um padrão, já que o que o jogador faz se converteu numa profissão, num meio de vida.
— Não há dúvidas de que o esporte-espetáculo trouxe como conseqüência uma série de males que hoje estão profundamente arraigados.
— Mas existem outros fatores geradores de conflito. A maioria das perturbações de um time não são emergentes primários desse time. Pensemos nos compromissos que os dirigentes têm e na utilização secundária da atividade esportiva (como a de projeção política). Isso faz com que a situação de cada integrante dessa equipe, chamado de jogador, esteja seriamente comprometida numa rede de tensões que muitas vezes ele mesmo procura eludir, embora sem sucesso. Também existe outro núcleo integrado por treinadores, preparadores físicos e massagistas, que vivem em torno do grupo acima citado e, em última instância, vivem do grupo, formando um verdadeiro cinturão que isola o jogador de certos contatos com a realidade do clube, que costuma ir se distorcendo à medida que o tempo transcorre.
— Não nos esqueçamos também do aficionado ou torcedor...
— Em absoluto. O torcedor é um personagem importantíssimo, infelizmente muito postergado atualmente. O torcedor, que se vê frustrado pelo caráter pouco operante de sua equipe, reage às vezes com uma violência inusitada, tomando como "bode expiatório" seu jogador favorito, último elo dessa série de conflitos que vimos. A decepção da torcida é enorme, porque também é enorme o desajuste que existe entre suas aspirações e as realizações do time. É por isso fundamentalmente que se sente defraudado. Pensemos também que suas pretensões estão intimamente ligadas às suas próprias habilidades no manejo da bola e da estratégia de jogo.

– É evidente, doutor, que por intermédio do senhor é possível realizar um estudo intensivo sobre o esporte e, particularmente, sobre o futebol.

– Estou plenamente disposto a fazê-lo.

E assim se concluiu nosso diálogo, embora fique evidente que apenas nos introduzimos na matéria. Submetemos posteriormente um questionário ao Dr. Pichon-Rivière, que gentilmente aceitou respondê-lo. Neste tratamos do esporte em seus mais amplos aspectos. Começando por sua definição, continuando com o papel desempenhado por um atleta e concluindo com a situação que atravessa o futebol argentino, analisado por este ângulo. Nos próximos números de nossa revista publicaremos todo esse material que certamente será de grande valor como ponto de referência.

É este o cinturão em cujo centro ficam encerradas as torcidas (T).

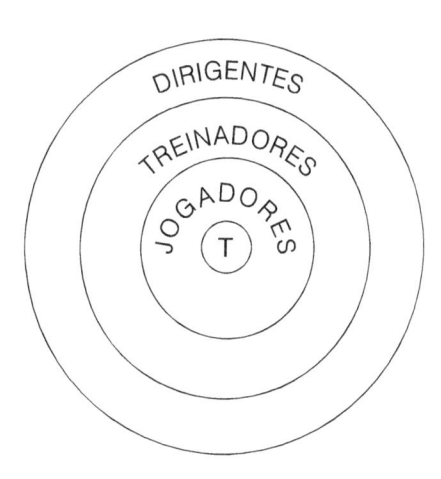

Jogo e esporte

Iniciamos hoje a publicação do material prometido. Deste emerge com clara fluidez todas as considerações que o Dr. Enrique Pichon-Rivière formulou a partir do questionário que lhe foi submetido. A seu pedido, esclarecemos que nosso entrevistado aborda a questão baseado nas pesquisas pessoais realizadas por ele nesse campo, ao que se soma a consulta a certos autores: Freud, G. H. Mead, Buytendijk e Huizinga.

– Na minha opinião – nos responde o Dr. Pichon-Rivière – antes de falar de esporte, devemos enfocar outro tema: o jogo. Em termos genéricos, em sua estrutura e em sua função.

– Está bem, definamos então o "jogo".

– Podemos afirmar que o jogo é tão velho quanto a cultura, pela simples razão de que pressupõe uma sociedade humana. Os animais, por outro lado, não esperaram que o homem os ensinasse a jogar. Parece que a civilização não acrescentou nenhuma característica essencial à função do jogo e à sua significação mais profunda.

– Qual função o senhor atribui ao jogo no mundo animal?

– Decididamente, o jogo é algo mais que um fenômeno meramente fisiológico, já que sempre tem um significado social. No jogo, *entra em jogo algo* que vai além do instinto de conservação e que lhe dá um *sentido de ocupação vital*. Há dois aspectos fundamentais que caracterizam o jogo: é uma *luta por algo* ou uma *representação de algo*.

– Bem, então nos dê a definição concreta.

– Perceba que a exposição anterior preparou o caminho para a definição. O jogo é uma *ocupação livre*, embora se desenvolva dentro de limites de tempo e em espaços determinados por regras absolutamente obrigatórias. Regras que devem ser, ao mesmo tempo, livremente aceitas. Essa ação tem um fim em si mesma e vem acompanhada de um sentimento de tensão e alegria. Além disso, e isto é importante, no jogo tem-se a consciência de *ser de outro modo* do que na vida corrente.

– Poder-se-ia dizer que essa definição compreende o que denominamos jogo, ou seja, jogos de força, de habilidade, de cálculo, de azar, de exibições e representações?

– Efetivamente. Pois bem, para esclarecer os conceitos devo dizer que não quis sobrestimar as funções do jogo no âmbito da vida cultural. Uma determinada cultura inclui certas características que configuram os jogos. Ou seja, alguns aspectos da cultura podem surgir primeiro em forma de jogo. Em suma, a cultura, em princípio, *é jogada*. Outra conexão entre cultura e jogo terá de ser buscada nos níveis mais elevados do *jogo social*, nos quais surge como uma atuação ordenada de um grupo ou de uma comunidade, ou de dois grupos que se enfrentarão.

– Em que medida o jogo individual repercute no plano cultural?

– Quando um indivíduo joga, apenas para si, isto só é fecundo para a cultura em termos muito limitados. Já manifestei, anteriormente, que todos os matizes que definem o jogo, o jogar junto, lutar, apresentar e exibir, desafiar e fanfarronar, com todas as suas regras limitadoras, também ocorrem na vida animal. De modo que a competição e a exibição adquirem certas modalidades da cultura correspondente.

– O senhor falou de *tensão* no jogo, o que quis dizer com isso?

– No jogo há *tensão* e *incerteza*. Note que permanentemente surge uma pergunta: o jogo vai ser resolvido ou não? Mesmo quando uma pessoa se entretém com jogos de paciência, palavras cruzadas ou quebra-cabeças, essa condição se realiza. Mas no jogo que se dá entre rivais em disputa esse tipo de tensão e incerteza pelo resultado se agudiza a um grau máximo, embora logo depois venha uma distensão. A questão de ganhar ou vencer pode chegar a ameaçar seriamente a condição ou a leveza do próprio jogo.

– Creio que nesse momento devo lhe perguntar se a presença ou não presença do espectador influi no jogo.

– Isto é muito importante, sem dúvida. Nos chamados jogos de azar, essa tensão de que falávamos só é transmitida ao espectador numa pequena medida. Como exemplo disto, temos os jogos de dados, que devem ser considerados estéreis para a cultura porque não acrescentam nenhuma riqueza ao espírito ou à vida. Mas quando num jogo a *disputa* exige uma certa destreza ou habilidade e força, é grande a tensão que toma os espectadores. O próprio jogo de xadrez arrebata os observadores. Convenhamos, por fim, que os valores físicos, morais ou espirituais podem elevar o jogo a um determinado plano da cultura, mas quanto mais adequado for o jogo para intensificar a vida do indivíduo ou do grupo, *primordialmente do grupo*, tanto mais se elevará nesse plano.

– O que está em jogo quando jogamos?

– Você pronunciou uma frase que condensa a essência do jogo: no jogo *algo está em jogo*. Mas esse *algo* costuma ser confundido. Não se trata do resultado material do jogo, como poderia ser a entrada da bola no arco ou numa cesta. O ideal é que o jogo dê certo, que resulte em algo. Este *dar certo* proporciona uma satisfação especial ao jogador e ao espectador. E, com a presença de espectadores, esse sentimento agradável aumenta. Quem resolve uma paciência, por exemplo, alegra-se ainda mais se alguém estiver olhando. Assim, é essencial para o jogador poder se vangloriar diante dos outros de que seu jogo foi bem sucedido. O conceito de ganhar mantém, portanto, uma estreita relação com o jogo.

– Mas o que quer dizer ganhar? O que é que se ganha?

– Ganhar é *se mostrar, após o desenlace de um jogo*, superior a outro. Mas, como esse tipo de superioridade tende a se converter em outra superioridade de caráter geral, concluímos com outra afirmação: mais do que ganhar o jogo, ganhou-se honra e prestígio. Honra e prestígio que beneficiam não apenas o vencedor mas o grupo ao qual ele pertence. E estamos diante de um conceito de importância transcendental: o êxito proporcionado pelo jogo *pode ser transmitido intensamente do indivíduo para o grupo*. A tal ponto é assim que sobre a exigência primária de dobrar o oponente surge outra, a de saber se, na verdade, o poder do indivíduo e do grupo que ele representa aumentou com a vitória.

– Sintetizando, doutor, o jogo é uma atividade livre, separada e regulamentada.

– Claro que é. Livre, porque não se pode obrigar um jogador sem que o jogo perca sua natureza; separada, porque está circunscrita a limites determinados com antecipação, e regulamentada, porque está submetida a convenções que instauram momentaneamente uma legislação apropriada.

– Separemos agora "jogo" de "esporte".

– Creio que já o fizemos, mas podemos conceber esse esquema: o jogo pode ser de *competição*, de *sorte*, de *simulacro* e de *vertigem*. Na primeira classificação entram o atletismo, a luta, o boxe, o futebol, o xadrez, etc.; na segunda, os jogos infantis de sortear, a roleta, as apostas, a loteria, etc.; na terceira, as imitações, as máscaras, as fantasias e, de forma geral, o teatro; na última, o balanço, o alpinismo, o carrossel, o esqui, etc.

– Esse quadro nos aproxima, doutor, de um dos temas propostos: o futebol.

– Entremos nele, como prometi. No nosso país, o futebol, denominado o mais popular dos esportes, merece uma atenção que nunca lhe foi dispensada e por um ângulo que muitos estranharão. Se a prática do esporte é realizada com espontaneidade, para dar ao esporte uma orientação completa, é indispensável fazer dele um estudo sociopsicológico. Porque o esporte não é importante apenas para a formação da juventude, mas se converteu num meio comum de existência capaz de exercer sua influência decisiva sobre as apreciações que se fazem no conjunto das relações humanas. O futebol, é óbvio, não tem transcendência apenas para os milhares de espectadores e aficionados que estão concentrados à sua volta. Logo trataremos do futebol, mas antes gostaria de dizer que, já em 1903, foi publicado nos EUA um artigo sobre o assunto, intitulado "A psicologia do futebol", precisamente devido a uma questão que continua de pé: *por que o futebol é o esporte que atrai maior quantidade de espectadores e por que são tantos e tão variados os conflitos que surgem em seu meio?*

Estratégia

– Bem, doutor Pichon-Rivière, teríamos de nos ocupar agora do que é considerado tática e do que definimos como estratégia.
– Está bem. Se formos para a definição acadêmica lingüística, a tática se define como "sistema especial que se emprega em algum assunto ou empresa de forma dissimulada e hábil, para conseguir um fim". Se trasladamos esse conceito ao futebol, percebemos que tática aqui nada mais é do que a situação do homem sobre o terreno e a internalização que cada um dos jogadores tem da missão a cumprir durante o desenvolvimento da partida. O futebol moderno está baseado na integração do time, de modo que a cada jogador corresponde uma tarefa tanto defensiva como ofensiva.
– Em todos os casos a missão é defensivo-ofensiva ao mesmo tempo?
– Efetivamente, embora em diferentes graus, de acordo com a posição que cada jogador ocupa. Mas todos eles, para jogarem bem, devem cumprir com os dois aspectos; deixar de colaborar com os companheiros em algum deles é colocá-los em situação de inferioridade. Além disso, tudo o que um jogador deixar de fazer, aquele companheiro a quem deixou de ajudar terá de fazê-lo, e isso é relativo, porque nem sempre estará em condições de realizá-lo.

– De modo que agir conforme a tática seria o ideal?

– Já afirmei que a tática é a disposição das funções dos jogadores no campo e a ordenação de seus movimentos de acordo com um determinado plano preconcebido, com vistas a anular o adversário nas linhas defensivas e superar sua ofensiva. Mas não é suficiente conceber um plano ideal; para que algo funcione, é preciso realizar treinos, buscar a sincronização entre os jogadores, etc. Além disso, é preciso levar em conta que uma coisa é a teoria desse plano sobre um quadro-negro e outra muito diferente é realizá-la em campo, visto que se joga com homens que pensam e não são autômatos. É por isso que não é possível criar uma tática e adaptar os homens a ela, mas *esta tática deve estar adaptada aos homens com que se conta.*

– E quanto à estratégia?

– Estratégia seria o trabalho prévio de um sujeito ou grupo mediante o qual, por meio de um processo contínuo de assunção de papéis, a ação passa a estar representada internamente. Por um processo de aprendizagem, procura-se, assim, conseguir o ajuste do enquadramento do trabalho com aquele que, depois, por técnicas operativas, vai tentar ser realizado conforme o que fora planejado antes.

– O que significa isso de papéis?

– George H. Mead, um dos fundadores da psicologia social, considera que o conceito de papel é indispensável para explicar a gênese da personalidade. E que, graças à linguagem, o homem é capaz de colocar dentro de si (ou seja, internalizar) as diferentes partes do ato social – neste caso, seria a partida de futebol – do qual participa, podendo controlar dessa maneira a atividade dos "outros" assim como a "sua", baseando-se no planejamento ou estratégia do ato social.

– Isto quer dizer que um jogador chega a assumir a atitude de outro?

– Sim: o jogador pode adotar a atitude de outro; ou seja, desempenhar o papel desse "outro". Graças a esse processo conhece o "outro", com suas possibilidades no campo de ação, e pode ser outro, isto é, desempenhar o papel desse "outro" numa determinada situação.

– Pode acontecer que o jogador represente internamente todos os demais jogadores do campo?

– Sem dúvida nenhuma. O total de personagens da ação, não só o dos companheiros mas também o dos adversários, forma um conjunto dentro do jogador. É o que Mead denomina "o outro generalizado" que, no fim das contas, serve de esquema referencial, operativo ou operacional.

– Então uma partida começa a ser jogada antes de o jogador entrar em campo?

– É como você disse. A partida começa a ser jogada no que poderíamos chamar de "campo interno", onde, baseando-se em tentativas, o jogador consegue configurar uma estratégia e uma tática para operar no campo externo. Se a essa possibilidade se soma um domínio da bola, esse jogador adquire uma eficácia difícil de calcular.

– Entendo, mas suponho que não se possam prever as contingências...

– É que outra condição que devemos destacar é a de que tal jogador deve ter a possibilidade de retificar durante a própria operação determinados esquemas de trabalho, realizando assim os diferentes passos do que se chama em ciência social uma indagação operativa. Neste caso, assistimos ao espetáculo inteligente, mutativo e estético, de alguém que tenta resolver as dificuldades da tarefa sobre sua atuação.

– Acredito que estejamos nos aproximando da concepção da equipe operativa.

– Sem dúvida. Já dissemos que em cada jogador estão representados os onze adversários, os dez companheiros e também ele mesmo participando da ação. Por essa via chega-se a essa concepção de papéis, plasticamente administrados, alcança-se uma coesão e uma operatividade na qual cada jogador adquire características de chefe de tarefa (também chamado de líder funcional) no momento em que, por sua atuação e pelo conjunto da ação, decide o porvir da operação que se realiza nesse momento. Se cada jogador cumpre sua tarefa dessa maneira, em que o *fator individual e o fator grupal coexistem* da forma indicada, cada um atua em cada momento com uma determinada eficácia.

– Esse sistema não pode ser entorpecido com a presença de jogadores com certas anomalias psíquicas?

– Observa-se, às vezes, que existem jogadores que, por fatores neuróticos, podem se manifestar sob a forma de uma liderança que não foi atribuída; diversamente, outros podem se ver diante da impossibilidade de tomar a mínima decisão ou de mudar algo em relação ao desempenho do papel correspondente no âmbito da equipe. Os primeiros se caracterizarão por sujeitos nervosos, agressivos e perturbadores, que procuram a briga como saída de sua neurose, ao passo que os outros aparecerão como indivíduos indecisos, depressivos, que se encherão de remorsos cada vez que a equipe perca, considerando-se eles mesmos como responsáveis pelo revés.

– Não estamos novamente tocando nos conceitos de "jogo" e "esporte"?

– Nessas complexas funções sociais que se organizam desde a infância, o próprio Mead estuda dois tipos de atividades, que se manifestam, precisamente, durante o desenvolvimento da criança: o "play" e o "game", palavras que não têm um equivalente exato em castelhano, mas que podemos traduzir por "jogo" e "esporte". O "play" é o *jogo livre*; o "game" é um *jogo organizado*, onde se pode observar elementos pertencentes a qualquer atividade institucionalizada. No "play", a criança brinca, por exemplo, com um amigo invisível. Mais exatamente, ela assume sucessivamente o papel de "ela mesma" e o de "seu amigo". Entre os seis e os oito anos, os jogos infantis mudam de caráter e se organizam, ou seja, são jogos sociais que se realizam com outras crianças. Podemos afirmar então que, para exercer um determinado papel social, cada um de nós deve incorporar um número considerável de papéis correspondentes à sua época e a seu grupo social. Diremos também que um jogador de futebol vai assumir um papel ou conjunto de papéis de acordo com sua história infantil e com as situações presentes. E que qualquer dificuldade no trato da situação dentro do campo durante a partida estará permanentemente ligada a elementos mais ou menos irracionais, que ele desconhece e que podem perturbar consideravelmente a tarefa do grupo. Se os integrantes de um grupo assumem de forma intensa demais o papel do companheiro neurótico, *toda a equipe* adquirirá características de um *grupo em conflito*, expressando essa situação por uma determinada conduta neurótica.

– Como se poderia sair dessa situação?

– Não existe outro meio senão o emprego de uma técnica de psicoterapia, chamada "psicoterapia grupal", que terá como tarefa, junto com seu terapeuta, rever a inter-relação de papéis dentro do grupo, em relação com a tarefa concreta de jogar futebol e ganhar.

Problema institucional

– Pelo que entendo, doutor Pichon-Rivière, estamos hoje em face do problema institucional.
– Também acho.
– E tenho a impressão de que temos em mãos a ponta de um novelo ardente. Seria preciso procurar, objetivamente, o outro extremo...
– Comecemos dizendo que esta ponta do novelo é a situação atual. Chamaremos de história o percurso entre esta e a ponta inicial. Se pegarmos um pedaço dessa trajetória, que abarque um ponto culminante da atualidade, poderemos indagar determinados emergentes que eclodiram convertendo-se, por sua vez, em novos fatores desencadeantes dessa situação que todos lamentam e cujo ponto nevrálgico se situou na Suécia. Esses elementos, sem dúvida, não só travaram o desenvolvimento do futebol nacional, mas, por um processo de acúmulo de tensões, com o conseqüente desgaste, levaram-no a um estado de retrocesso.
– O homem da rua parte de um pressuposto: o êxodo de jogadores que se produziu, primeiro para a Colômbia, e depois para a Europa.
– Claro, não se pode negar que isso significou um desmembramento daquele grupo de jogadores que operava com uma certa harmonia e coesão. Por outro lado, a ida ou "fuga"

de membros da família futebolística argentina para diversos lugares do globo ficou mascarada por trás de aparentes conflitos econômicos. Isto, na realidade, era apenas um disfarce. É verdade que as ofertas tentadoras serviram de trampolim, mas podemos supor que uma outra série de conflitos estava em jogo, conflitos estes que não tinham se tornado suficientemente conscientes e que levaram paulatinamente o futebol a uma curva descendente.

– Vejo que o caminho se bifurca: é preciso considerar nesse momento tudo o que concerne à atividade desenvolvida por seleções e treinadores.

– É uma parte do problema. A existência de líderes autocráticos na direção técnica de nosso futebol; a submissão de todos os treinadores a um líder único; o transplante de sistemas alheios à idiossincrasia de nosso jogo – vítima por outro lado de formulações estereotipadas –, impediram a evolução por todos desejada.

– Além disso, doutor Pichon-Rivière, há uma série de fatores que pesaram profundamente, como a diversidade de interesses no jogo, totalmente alheios ao esporte em si. Os dirigentes, por exemplo, converteram-se em muitos casos em elementos de desarmonização.

– Indubitavelmente; por isso a necessidade de enfocar o panorama em seu âmbito total.

– Quer dizer que uma análise institucional se impõe?

– Sem dúvida nenhuma.

– Do seu ponto de vista, como o senhor a organizaria?

– Começaria por um estudo sociodinâmico, pois é de fundamental importância o estudo do grupo. O átomo elementar da vida social não é o indivíduo isolado, mas o indivíduo incluído no grupo.

– Nosso esporte, em geral, sem ter uma estrutura de organização muito complexa, tem, todavia, uma trama de esferas superpostas que tornam o panorama confuso.

— O que afirmei antes nos leva precisamente a considerar uma grande estrutura formal, composta em cada um de seus níveis por um enxame de pequenos grupos em contato direto ou indireto, cujas relações compõem uma parte importante da dinâmica total da instituição.

— Cada um desses níveis não poderia ser descrito concretamente?

— Sim. Para fazer a análise de uma instituição — que no caso do futebol é necessária — devemos levar em conta critérios e técnicas que correspondem a cada um desses quatro diferentes níveis:

a) Análise psicossocial (o indivíduo e o âmbito);
b) Análise sociodinâmica (o grupo e seu âmbito);
c) Análise institucional: 1) em sua estrutura formal, 2) em sua estrutura dinâmica e 3) em suas funções dentro do âmbito administrativo e nacional;
d) Instituição e indivíduo. (Ou seja, chegar a estabelecer o que essa instituição representa para o indivíduo.)

— Quais seriam os aspectos positivos dessa análise?

— Em primeiro lugar, obteríamos o *grau de eficácia* do aparato administrativo e condutor em si, ou seja, a atividade dos membros e dirigentes que o compõem. Depois, seriam estudadas as relações que se estabelecem entre os entes mencionados e as massas (sócios e público) por eles atendidos. Em suma, uma pesquisa e uma análise institucional podem determinar as *causas do mau funcionamento da instituição* e sugerir o modo de evitar a rotina, os anacronismos, a resistência às responsabilidades, as protelações, a ambigüidade, os *defeitos de comunicação*, as ordens contraditórias, etc. E, em conseqüência, evitar-se-ia também um futebol inseguro, individualista, de rendimento irregular e a degradação do "ofício".

— Quanto a este último item, não há dúvida de que o jogador "sofre" as conseqüências de todas as anomalias da esfera diretora.

– É isso mesmo. O clima influi sobre o jogador de maneira fundamental, tirando dele o gosto de jogar e o desejo de se aperfeiçoar. A não identificação com a instituição ou a hostilidade contra ela – consciente ou inconsciente – faz com que o jogador se sinta "travado" pelo desejo de cumprir seus compromissos, por um lado, e o de "sabotar" a instituição por outro. Todos esses processos não são totalmente conscientes, mas às vezes se expressam por uma conduta irregular que compromete o estado atlético do jogador. A isso se acrescenta a situação de isolamento e também um sentimento de culpa inconsciente que se expressa como autocrítica. Tudo isto configura, por sua vez, um ciclo vicioso dentro do qual o jogador se move sem saber exatamente o que está ocorrendo. A manifestação habitual disto costuma ser: "Não sei o que está acontecendo comigo"; "estou travado"; "as pessoas me incomodam"; "não tenho entusiasmo", etc.

– De modo que o senhor encontrou a fórmula para encontrar o clima propício que não aparece em parte alguma?

– Creio que não temos outra ao nosso alcance. Esse seria o caminho para encontrar as condições necessárias para o surgimento desse clima propício, seja no interior dos clubes, seja nas relações da associação – que aglutina estes clubes – com seus diversos públicos. Isto equivale a formular e investigar o problema das relações humanas e públicas, internas e externas de cada clube, e da associação.

Função da equipe

Continuamos o diálogo com o doutor Pichon-Rivière, dispostos a apresentar à opinião pública, ou seja, aos nossos leitores, um enfoque psicossociológico do esporte. Paulatinamente vamos penetrando na linguagem de todos os dias, nos lugares-comuns de que se valem os que estão metidos nessas coisas em virtude do jornalismo ou, simplesmente, em razão de uma predileção. Predileção compartilhada por grandes núcleos humanos que individualizamos como massas de espectadores. O panorama vai se tornando mais claro. Partindo dos conceitos gerais, vamos lentamente chegando à análise do jogador e, fundamentalmente, à de sua função de equipe. Não pretendemos dizer coisas novas. Longe de nós o tom admonitório. Apenas indicamos os problemas e também as vias de solução. Sobretudo porque estamos absolutamente convencidos de que as situações mais graves em torno dos conflitos, ou não são vistas ou não são tratadas com o devido critério. E dizemos isso pensando muito especialmente nos recentes episódios de pública notoriedade resultantes da atuação do time argentino de futebol na Suécia. Muitos esperavam "declarações sensacionais" de protagonistas e testemunhas, mas todas as conjeturas giravam em torno de planos minúsculos e intranscendentes, o matiz de alguns entrando indubitavelmente no terreno do ridículo. O real e concreto é que já temos material para estabelecer um quadro clínico e operar de imediato terapeuticamente. Mas tudo isso surgirá do diálogo, com palavras e pensamentos mais autorizados que os nossos.

– Bem, doutor Pichon-Rivière, chegamos ao esportista.

– Sem dúvida. Já vimos que esporte é jogo mais competição. Esportista, portanto, é todo aquele que participa do jogo, não somente com sua habilidade pessoal e o conhecimento técnico que possua do esporte que pratica, mas com algo mais que estabelece, precisamente, a diferença entre jogo e esporte. Ou seja, o esportista deve tomar consciência e assumir a responsabilidade pelo papel que deve desempenhar dentro da equipe de que faz parte.

– O que é jogador?

– Penso que é a resultante de uma série de elementos que podemos resumir em três pontos: 1) fatores físicos, 2) fatores técnicos e 3) fatores psíquicos.

– Formulei-lhe a pergunta porque gostaria que estabelecêssemos o conceito recorrendo a um exemplo concreto: o futebol.

– Como poucos outros, conforme já afirmamos, o futebol pertence aos jogos desportivos sociais. Isso se traduz com maior clareza no seguinte: o jogador quer e deve ser um co-jogador, com intenção de sê-lo também quanto à atuação de seus oponentes do campo ou adversários. A equipe contrária nunca será um inimigo que constitua uma ameaça permanente, um obstáculo ou impedimento que estorve. Os companheiros do mesmo time, bem como os integrantes do time adversário, estão presentes uns nos outros com base no que chamamos esquema referencial prévio de cada um dos componentes com respeito a companheiros e adversários. Em função da dinâmica desse esquema, e na medida em que ele seja operante, obtém-se um êxito maior ou menor no trabalho realizado.

– O que determina essa unidade das equipes contrárias?

– Não é só a paridade no domínio do jogo ou de sua técnica o que a determina. A unidade se baseia, antes de mais nada,

na consciência que se adquire – e, portanto, na vontade imperiosa – de lutar contra o adversário para alcançar a vitória.
– Seria essa a finalidade?
– A vitória é necessária para a estrutura social do esporte, já que nele as equipes se opõem, mas não constitui sua finalidade. Essa finalidade consiste exclusivamente em *jogar uma boa partida combatendo de modo leal* pela vitória.
– Estamos falando, talvez, da moral esportiva?
– Quando nos convencermos de que nos esportes o adversário é ao mesmo tempo um companheiro, compreenderemos perfeitamente qual é a moral que o esporte deve manter e, sobretudo, promover.
– Damos por certo nesse princípio o respeito pelos regulamentos...
– Sem dúvida nenhuma. E também a aceitação da disciplina e de todas as eventuais sanções. Mas, sobretudo, pensamos que deve se manter um jogo limpo e bem-humorado. Se se quiser manter o valor sociológico e pedagógico do esporte, é imprescindível que esse aspecto se mantenha.
– Voltando ao tema anterior, eu lhe diria que o futebol é, também, um notável meio de distração.
– Compartilho plenamente de sua opinião. Esse esporte é dos que atraem a maior quantidade de espectadores, e isso se explica porque o homem de trabalho é também homem de jogo. Pensemos, por outro lado, que nos esportes despertam-se velhas situações semi-latentes. É por isso que o esporte constitui uma distração. Especialmente o futebol.
– Bem, prossigamos. Falta considerar um aspecto vital: o do permanente contato do time.
– A importância de que uma equipe mantenha um contato permanente baseia-se na possibilidade de estabelecer paulatinamente um esquema interno de coordenação em cada um de seus integrantes, a fim de que estes desempenhem com máxima eficiência sua função de engrenagem de equipe.

– Isso significa que devem se ajustar a técnicas preestabelecidas?

– Não. Os resultados dessa técnica com papéis estudados de memória geralmente são contraproducentes. Por outro lado, já conhecemos as suas conseqüências. O que interessa é a compenetração dos aspectos positivos de cada um, para que sejam capitalizados e aproveitados em função de um trabalho conjunto.

– Creio que é isso o que os sociólogos chamam de esquema referencial.

– Efetivamente. E é evidente que para conseguir em cada integrante do time um esquema referencial que esteja de acordo com suas necessidades, é necessário um conhecimento mútuo alcançado ao longo de um certo tempo, de modo que possa ir se modificando à medida que surjam elementos de atrito ou de dissonância que impeçam um entendimento melhor.

– E no caso de haver necessidade de formar um time para um encontro imprevisto?

– Quando um time operou nessas condições que assinalamos e deve enfrentar outro de modo imprevisto, estará em condições de suportar convenientemente uma competição, mesmo quando seus componentes, analisados de forma individual, sejam de escassa qualidade. Com isto quero dizer, falando claro, que não é só da qualidade individual que se necessita para formar um time com probabilidades de êxito. O importante é a *capacidade de coordenação* de cada um dos valores que entram em jogo. Porque o resultado só dependerá da *soma desses valores*. Na medida em que a capacidade potencial possa se converter em capacidade real, as possibilidades do resultado final do trabalho aumentam.

– Quer dizer que os valores individuais não são necessários?

– Não; quis dizer que não se necessita apenas de valores individuais, mas que a qualidade potencial aumenta consideravelmente por meio da coordenação da equipe. Dessa forma se atinge o máximo de rendimento nesses valores.

– E quanto ao clima interno de relações?

– Um time com tensões controladas, sem conflitos e sem atritos internos, alcança uma harmonia técnica e moral que redunda em benefício não só para o público e o espetáculo, mas para os próprios jogadores que o compõem e até mesmo para os adversários.